知的生きかた文庫

自分を劇的に成長させる！
PDCAノート

岡村拓朗

JN109337

三笠書房

はじめに
PDCAこそが、自分を変える最強の武器である

本書を手に取っていただき、ありがとうございます。
あなたは、

「仕事のスピードも質も、一向に上がらない」
「仕事を長く続けているけれど、成長できている気がしない」
「仕事でいつも同じミスをしてしまう」
「いつも同じ問題を抱えてしまう」
「なかなか行動できない自分を改善したい」
「もっと多くのスキルや知識を身につけ、自分のものにしたい」

などと思ったことはないでしょうか。

「自分をもっともっと成長させたい」「できるビジネスパーソンになりたい」「仕事と家庭を両立できる人間になりたい」

そう考えている方の最強の武器となるのが、ＰＤＣＡです。

PDCAがすべてを解決する

ＰＤＣＡは、今この本を読まれているほとんどの方がご存じだと思いますが、

「計画（Plan）」→「実行（Do）」→「評価（Check）」→「改善（Action）」

と表される、本来は品質管理や業務改善のためのビジネスフレームワークです。今では、業種・業態を問わず、耳にするビジネスの標語になっているはず。

実際、多くの人が「ＰＤＣＡを回せ！」と言われたり、耳にしたりしたことがあるのではないでしょうか。

ＰＤＣＡを回すことができれば、ほとんどすべてのことが解決できます。

考えてみてください。自分自身の考えを計画に立てて行動し、それに対してどうだったかを評価して、改善して次の計画に生かしていく――。

これを続ければ、必ずうまくいきますよね。

仕事であろうが、自分自身の成長であろうが、ＰＤＣＡをちゃんと回していけば、よくなるしかないのです。


実際、私はかつて、外資系企業のマネージャーとして仕事をしていました。当時から エリートや一流と呼ぶに相応《ふさわ》しい優秀な人とも数多く付き合ってきましたが、彼らのほぼすべてが「ＰＤＣＡこそが最強である」と、一様に考え、ＰＤＣＡを高速で回していたのです。


一方、ダメな人ほど、ＰＤＣＡがまったく回っていませんでした。

ミスしたら、ミスしっぱなし。改善しようと思っても忘れてしまう。

なぜ問題が起こったのか、次に同じミスや問題を起こさないためにどうすればいいのか、今回よりもよい結果を得るためには何の施策を打てばいいのか、などを一切考えない。だから、成長もしないし、結果も行動も変わらないのです。

誰も教えてくれないPDCAの回し方

ＰＤＣＡが重要だというのは、誰もがわかっていることでしょう。

しかし、ここで問題があります。

それは、多くの人がＰＤＣＡを知っているにもかかわらず、ＰＤＣＡを回せないことです。**ＰＤＣＡを回さないのではなく、回せない**のです。

「ＰＤＣＡは重要だ」「ＰＤＣＡを回そう」と思っていても、ほとんど9割の人が回せていないと感じています。

ではなぜ、ＰＤＣＡを回せないのでしょうか。

詳しいことは、第1章に譲りますが、簡単にいえば、**回し方を知らない**からです。

ＰＤＣＡを回すには、ある原則があります。これを知らなければ、ほとんどの人がＰＤＣＡを回せません。

もちろん、一流のコンサルタントをはじめとして、できる人は回せています。でも、それは簡単にマネできるものではないのです。あなたもこれまで、書籍を読んだりして、PDCAを回していこうと思ったことがあるのではないでしょうか。

でも、一流のエリートやコンサルタントが教えるPDCAのやり方を見聞きして、それで実際に回せるようになったでしょうか？

本書を読んでいるということは、きっと回せていないのではないでしょうか。

そこで、ご提案するメソッドが「PDCAノート」です。

「ノート×4本線」の習慣で、PDCAは自然と回る！

PDCAノートを使えば、あらゆるPDCAを回すことができます。

- 毎日自分を成長させるためのPDCA
- 目標達成のためのPDCA
- 仕事のプロジェクトのためのPDCA

・商談やコンサルティングのためのPDCA

などです。私のご紹介するPDCAノートメソッドは、様々なPDCAが回せるようになるだけでなく、たくさんのメリットがあります。

・PDCAが勝手に回るようになる
・PDCAを書いた数だけ、自分を改善・成長させられる
・自然と思考が整理される
・無駄な行動が改善される
・問題を改善する行動が瞬時にわかる
・一日の行動、プロジェクトの問題点がわかる
・仕事の目標だけでなく、人生の目標も達成しやすくなる
・自分自身の成長速度を、数十倍速められる
・同じミスや問題にぶつかることが、激減する
・効率と作業スピードが高まり、使える時間が大幅に増える
・ダイエット、肉体改造、朝活、読書……などの習慣が続きやすくなる

・PDCAを回すことが楽しくなり、人生がワクワクし始める

など。そして何より、「PDCAノート」はシンプルで、簡単です。必要な時間は、1回に5分。長くても10分もかかりません。

ノートとペンがあれば、誰でもPDCAは回せるようになるし、これまでよりも圧倒的なスピードで、能力やスキルが高まり、自分自身を成長させられるのです。

残業時間7分の1、2年で13キロダイエット、年収が倍になった

「はじめに」の最後に、PDCAノートを実践したある男性の結果を見てください。

・過労死ライン（月80時間）を超える月100時間以上の残業が月20時間になり、その後残業はゼロになった
・2年間で13キロのダイエットに成功した
・仕事の質が上がり、年収が2倍になった

実は、これは私自身のことです。

この結果が出る前はひどいものでした。過労死ラインと呼ばれる月80時間を大幅に超えて、100時間以上の残業は当たり前。140時間の月もありました。

しかし、本書でご紹介するPDCAノートメソッドによって、人生が大きく変わりました。PDCAが回り始めたことで、自分自身が変わり、成長できたのです。

PDCAを回したいなら、ノートを使え!

現在私は、十数年勤めた外資系企業を退職し、「時短化・業務効率化の仕組みづくりを支援する仕組みコンサルタント」として独立。ワクワクした毎日を送っています。

PDCAノートをはじめとして、時間を創り出し、仕事の成果を出すコンサルティングや、人生の質を向上させるコーチングを行い、すでにたくさんの方が望むべき結果を手にされています。

PDCAは誰もが知っている、最強のフレームワークです。

しかし、残念ながら、ほとんどの方はうまく回せていません。これはある意味当然で、誰にも正しい回し方を教えてもらってこなかったからです。

本書のPDCAをノートで回すメソッドを使えば、誰でも、簡単に、すぐにPDCAは回り始めます。

PDCAノートのつくり方、書き方、考え方、高速で回す方法は、すべてこの一冊で身につけることができるように書きました。大量の仕事を処理するためのメソッドもご紹介しています。ぜひ、最後まで読んでみてください。

ノートを使えば、仕事はもちろん、あなたの人生のPDCAも回り始めます。

あらゆる無駄や失敗をそのままにしないでください。

失敗はそのまま終わらせれば「ただの失敗」ですが、改善できるなら、それは「成功への糧」となります。試行錯誤の先にこそ、成功はあるのですから。

本書があなたの仕事だけでなく、人生を変える一助となれば、著者としてこれほど嬉しいことはありません。

岡村拓朗

もくじ

第1章 ＰＤＣＡを回すだけで人生は変わる

第2章

ノートを書く前に覚えておくべき「PDCA思考」

第3章

ＰＤＣＡノートのつくり方

第4章

PDCAノートを高速で確実に回す方法

第5章

PDCAを習慣化する方法

プロデュース・編集協力／鹿野哲平
本文イラスト／坂木浩子（ぽるか）

第1章

PDCAを回すだけで人生は変わる

「PDCAを知っている」から「PDCAを回している」へ

ビジネスパーソンなら誰もが知っている「PDCA」

「PDCAをしっかり回せ！」

常々上司から言われていることではないでしょうか？　そもそもPDCAとは、

Plan　（計画）
Do　（実行・実績）
Check　（評価・気づき）
Action（改善策）

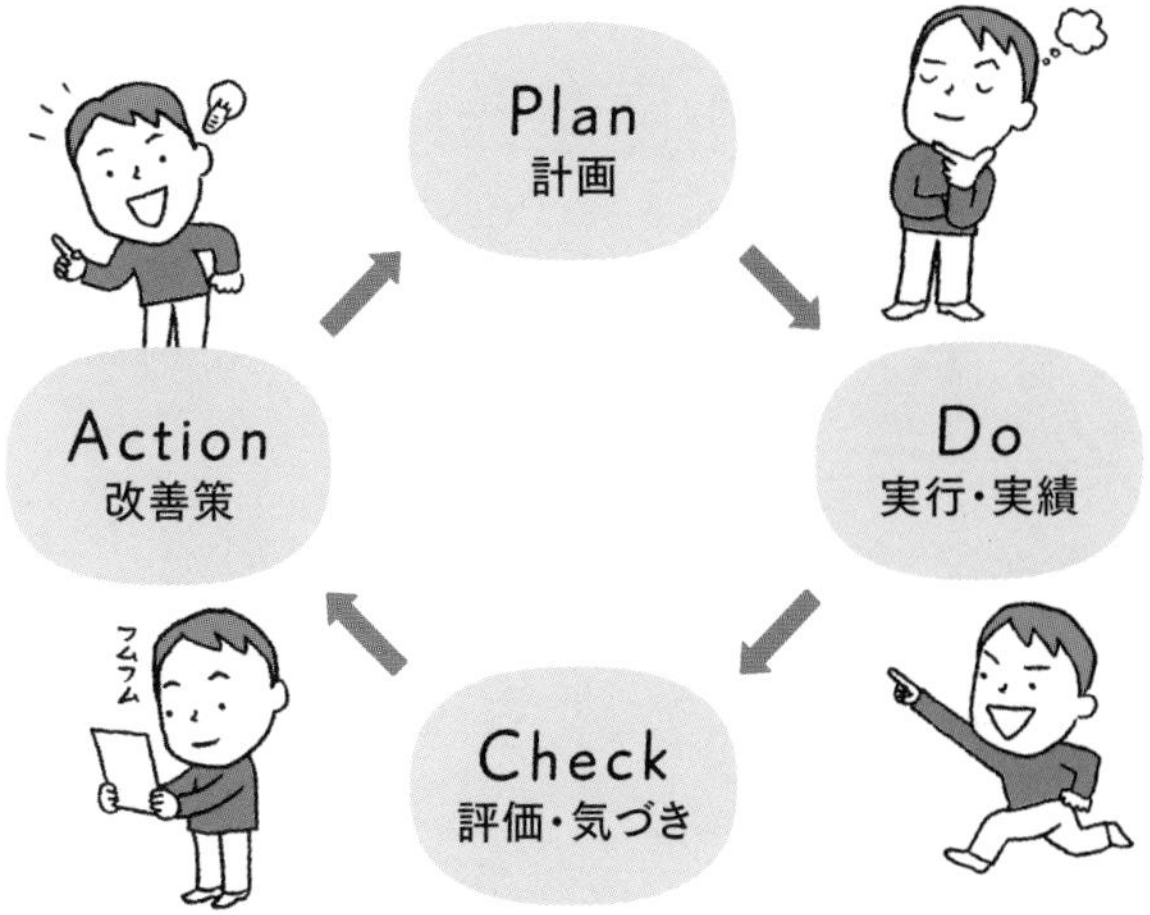

といわれるビジネスフレームワークです。統計学者でありコンサルタントのエドワーズ・デミングらによって提唱された概念で、製造業における品質管理や生産性向上のために、今ではあらゆるビジネスシーンで使われるようになりました。

では、ＰＤＣＡが回るとは、どういうことなのでしょうか？

まず、計画して、それを実行に移す、そのあと評価をして、改善した計画を立て、それを実行に移し、また評価して、改善する――。

この計画、実行、評価、改善のループを回すことが、いわゆる「ＰＤＣＡを回す」

ということです。

「なんだ、そんなの当たり前のこと」

「そんなわかりきった話をするなよ」

そう思うかもしれません。

では、あなたは仕事でＰＤＣＡを回せているでしょうか。


誰もが知っているこのＰＤＣＡですが、使いこなせている人は多くありません。

上司は教えたつもり、部下はわかったつもり。「知っている」だけのＰＤＣＡになっていることが多いのです。

私が「時短化・業務効率化の仕組みづくりを支援する仕組みコンサルタント」として、たくさんのビジネスパーソンと接している中で耳にする悩みごとの多くが、

「目標が達成できない」

「問題解決して成果をあげたい」

「タスク管理がうまくできない」

「いつも先送りしてしまい、締め切り直前に慌ててやる」

といったものです。

しかしこれらは、ＰＤＣＡをしっかり回せていさえすれば、すべて解決することばかりです。つまるところ、多くの方はＰＤＣＡを知っているだけで、きちんと回すことができていないのです。

では、多くの方はなぜ、ＰＤＣＡを回せないのでしょうか？

PDCAサイクルがうまく回らない理由

なぜ、あなたのPDCAは回らないのか？

なぜ、PDCAは回らないのか？

なぜ多くの人は「PDCAを知っている」だけで終わらせてしまうのか？


答えは簡単です。

それは**「PDCAの回し方」を教えてもらったことがないから**です。

ほとんどの人はPDCAが何であるかは知っています。そして、さんざん「PDCAを回せ」と、言われ続けてきたはずです。

しかし、「じゃあどうすれば回るのか？」はなかなか言及されません。

一方、しっかりＰＤＣＡを回せている会社もあります。

その代表が、日本が世界に誇る自動車メーカー「トヨタ」でしょう。トヨタ式生産方式は世界的に有名ですし、その中でも「改善（カイゼン）」というキーワードを、そのまま「トヨタ」に結びつけている人も多いのではないでしょうか。

トヨタの改善は、「４つのＭ」の無駄を解消していくものです。４つのＭとは、人（man）、機械（machine）、材料（material）、方法（method）のこと。これらを日々改善していくことで、無駄を省き、生産性を徹底的に高めていくのです。

これも言ってしまえば、**トヨタ式のPDCA**にほかなりません。今ではトヨタ以外の自動車メーカーや製造業などでも、無駄を省く改善が行われるようになっています。

では、会社のオフィスでパソコンに向かっている人はどうでしょう？

トヨタの「改善」のノウハウはもちろん、ＰＤＣＡも知っているはずですが、どうも実際には行われていないようです。

月次の会議報告など、会社組織全体で取り組むものに関しては、ＰＤＣＡが仕組み化され、ＰＤＣＡのルールも徹底して教えられているかもしれません。

しかし、**いざ個人でＰＤＣＡを回そうとすると、どうしていいかわからなくなる人が多い**のです。

たとえば、自分の部署の売り上げのＰＤＣＡは、毎月、４半期ごと、半年、一年と、計画したり振り返りをしたりする会議や定例会があるため、回すことができます。このように組織として仕組み化されていれば、自然とＰＤＣＡは回るのです。

でも、あなたが今、抱えている仕事のＰＤＣＡはどうでしょう。

「ＰＤＣＡを回せば、どんどん質が上がる」

と頭ではわかっていても、実際に回し方がわからないために、ＰＤＣＡが回ることはないのです。

「PDDD……」サイクルになる理由

「PDCAサイクルを回そう！」

毎日の生活の中で、日々の仕事の中で、PDCAを回せたら、きっと結果が出るだろう、そう誰もが考えるはずです。

しかし実際には、PDCAを回したつもりになっていても、「D 実行」したけど、記録に残っていなかったり、「D 実行」したかどうか記憶だけに頼っていたり、そもそも、「C 評価・気づき」の仕組みも「A 改善策」を考える仕組みもなく、PDCAを回すという習慣もない環境では、回したつもりになってしまうのも当然といえば当然かもしれません。

この状態は、言ってしまえば**「P↓D↓D↓D……」**と、もはやサイクルではありませんね。

計画してやってみたものの、チェックも改善もされず、ひたすらやりっぱなし。そこにはサイクルを回すという意識さえ、すでにありません。

これがPDCAを回せていない人の実態なのではないでしょうか。

ではなぜ、ＰＤＣＡが回っていかないかというと、「回す仕組み」をつくっていないからです。回す方法がわかっていないのはもちろんのこと、回すための「鍵」が必要になります。

逆に言えば、そのポイントさえ押さえられていれば、ＰＤＣＡは自然と回り始めるのです。

PDCAが回らないのは
「回す仕組み」を
つくっていないから！

仕事ができる人は、PDCAを回しながら成長する

仕事ができない人は、失敗しても成長しない

できる人、できない人の違いは何でしょうか？

私は、「日々成長できるかどうか」だと考えています。

これは、つまり**「PDCAを回せているかどうか」が、できる人とできない人を分けている、**と言えます。

PDCAは「回す」ものですが、同じところをぐるぐる回る2次元のイメージではありません。回すたびに上昇する、スパイラルを描いて回っていく3次元の螺旋《らせん》階段のようなイメージです。

できる人ほどＰＤＣＡをしっかり回すことで成長していきます。

できない人ほどＰＤＣＡを回す習慣がありません。

これは言い換えると、できる人は計画を立て、実行をし、しっかり学び、同じミスはしない。だから、経験が血肉になり、能力値もどんどん高まっていくのです。

できない人は、何度も同じ失敗を繰り返してしまいます。反省点はわかっているけど一向に改善できない、そもそも課題や問題点がわかっていない人。

つまりは、「成長しない人」です。

「失敗は成長の糧」と言いますが、糧を得ているはずなのに、まったくそれが生かされません。失敗したらしっぱなし、何度も同じ失敗を繰り返します。

一方で成長する人は、失敗や経験を確実に自分の糧にします。一度したミスは二度と繰り返さない。経験から新しい仮説を立てて、計画や行動を改善し、次に生かす。

こういった人は、成功する可能性が非常に高いということは、誰にでもわかるはずです。

これは仕事だけに限りません。

プライベートにおいても仕事同様に、様々な経験をするはずです。海外旅行や、子育て、新しい趣味にチャレンジしたり――と。

そこでも段取りを間違えたり、コミュニケーションの失敗で、友人やパートナー、家族と喧嘩《けんか》になったりするかもしれません。また、休日に遊びにいく予定を入れていたのに、急な仕事で、子どもを悲しませてしまうなんてこともあるでしょう。

そういった経験をしたら振り返り、次はどうするか、何がまずかったのか、などを考えるようになります。

すると、以前は失敗したり、家族で喧嘩になったりしたことであっても、自分の思考や行動の改善を繰り返すことで、失敗も喧嘩もなくなっていき、家庭も人生も楽しく充実したものに変わっていくのです。

これがＰＤＣＡの回っている人と、回っていない人との違いです。

成長速度がまったく違ったものになるのは、誰の目にも明らかでしょう。

PDCAで大切なことは「コンビニ」が教えてくれた

PDCAの回し方をお伝えする前に、私がPDCAを学んだ原点の話をしましょう。

私にとってはじめてPDCAを回すことを覚えたのは、コンビニエンスストア（以下、コンビニ）で働いたことがきっかけでした。

もう30年近く前のことになりますが、私が大学を卒業して、新卒で就職したのはコンビニチェーンでした。

そこで学んだのが**「PDCA思考」**であり、中でも最大のものが、**「高速でPDCAサイクルを回す」**ことの重要性です。

ご存じの通り、コンビニでは毎週いくつもの新製品が発売されます。その毎週発売される新製品の売り上げを最大化するために、店舗の客層や曜日ごとに、天候やイベント情報をもとにして販売計画を立てていきます。それこそ、時間ごとに陳列位置を変えたりもします。

つまり、**最初に仮説を立てることから始める**のです。

これはPDCAの「P」に当たります。その仮説のもとに商品の発注数量を決めて、売り場に陳列すると、その結果が売り上げの数字や、陳列棚の在庫数量といった実績に表れます。これはPDCAの「D」ですね。

そして、その当時は翌日に前日の売り上げレポートが出力されていたので、そこで結果を振り返り、仮説が合っていたのか、修正すべき点があったのか、といった検証作業で気づきを得ます。これはPDCAの「C」です。

そしてその気づきをもとに、翌日からの売り場づくりや発注数量の見直しといった次の施策につなげていきます。これがPDCAの「A」になります。

これをひたすら繰り返していき、売り上げを上げていくことになります。

当時はこれをPDCAサイクルではなく、**「仮説・検証サイクル」**と呼んでいましたが、こうやって仕事の流れを「仕組み化」することで、うまくいったことは再現でき、うまくいかなくてもそれで終わりではなく、改善を続けていくことで成果につなげるという考え方を身につけたのです。

コンビニは一日一日が勝負です。だから、1年間365日、毎日PDCAサイクルを回すことで、高速でＰＤＣＡサイクルを回すことが「習慣化」されていきました。
当時は大変でしたが、今となってはこのＰＤＣＡを毎日回し続けられたこと、回さざるを得ない環境に身を置いたことは、幸運だったのかもしれません。

その当時から、常々部下にも言っていたことがあります。それは、**「失敗してもいい。できない言い訳ではなく、どうやったらできるかを考えよう」**ということです。

実績、つまり結果は水ものです。１回でうまくいくことはないし、１回うまくいったからといって、このあともずっとうまくいくとは限りません。

しかし、その取り組みから学んだ**「Ｃ　気づき」という知恵は、水平展開して生かすことが可能**です。

ＰＤＣＡ思考で仕事を回していくと、自分個人の仕事をよくするだけでなく、自らの気づきから得た知恵を担当する他店舗へ、そして所属するチームへと、水平展開していくことができたのです。

その過程で学んだのは、**「見える化」**の力です。

言葉だけで伝えることは困難ですが、見える形にすることで簡単に伝わるようになります。当時発売されたばかりのWindows 95搭載PCとデジタルカメラを給料3カ月分の自腹を切って購入し、Excelで図表にして画像を取り込み、目で見てわかるツールに落とし込んで手渡すと、みんな何をすればいいか考えずとも行動できてしまいました。

そういった仕事の積み重ねがどうなったかというと、店舗での店員研修から始まったキャリアは、

店長 ↓ スーパーバイザー ↓ 新人研修担当 ↓ チーフ ↓ 本部スタッフ

と、最終的にはすべてのスーパーバイザー（店舗指導員）に影響を与えることができる立場へとつながっていきました。

社会人としての最初の成功体験の礎となったのは、まさにPDCA思考がもたらしてくれたのです。

ＰＤＣＡをうまく回すための3つのルール

3つのルールを押さえなければ、ＰＤＣＡは回らない

それではここから、まずは、ＰＤＣＡを回すための基本的なルールからお伝えしましょう。

これまでお伝えしてきた通り、ＰＤＣＡは知っているだけでは何も意味を持ちません。ＰＤＣＡに対する誤解を解きながら、うまく回すための基本原則をお伝えしていきます。

ＰＤＣＡを回すための基本ルールは次の3つです。

ルール1　**見える化**　**PDCAは視覚化できれば回る**
ルール2　**仕組み化**　**PDCAは仕組みで回る**
ルール3　**習慣化**　**PDCAを回すことを習慣化する**

この3つの基本原則がわかっていなければ、PDCAを回し続けることはできません。逆に言うと、この3つのルールさえ押さえられていれば、PDCAは回ります。あなたは仕事、人生のすべてにおいて、どんどん行動でき、その行動はどんどん改善され続け、質の高い、効率のいい結果を手にすることができるようになります。

「いくらビジネス書を読んでも、全然仕事ができるようにならない」
「何年も同じ仕事をしているけど、成長している実感が全然もてない」
「昔から怠け者で、行動できないし、続かない」

と思っている方は、この3つのルールを使ってPDCAを回し、どんどん自分を高めていってください。数年後には今は想像もつかない高みに到達できるはずです。

ルール1 見える化
PDCAは視覚化できれば回る

具体的なものはすべて行動に変えられる

これまでも見てきた通り、PDCAサイクル自体は、何も難しいものではありません。計画、実行、評価・気づき、改善というシンプルなサイクルです。

にもかかわらず、**多くの人が回せていないのは、まずそもそも「見えていない」**ということにあると私は思っています。

見えていない、とはどういうことでしょうか。

それは、「視覚化されていない」と言い換えてもいいでしょう。

← 見える化その1　全体像が見える

たとえば、できる人は行動を起こす前に計画やプロジェクトの全体像が見えています。プロジェクトメンバーに誰がいて、それぞれが何を行い、どういう手順でプロジェクトを進行させていくか、どこがボトルネックになっているか、予算はどうか……など、できる人ほど、プロジェクト全体に臨場感のあるイメージを持っています。

言ってしまえば「一枚の絵」が描けているのです。

これはスポーツなどでも同じです。

たとえば、サッカーの元日本代表選手の中田英寿選手や遠藤保仁選手などのように「司令塔」と呼ばれる選手は、一流になればなるほど、まるでフィールドを俯瞰《ふかん》して見ているかのようにパスを出しています。

これは目で見ているのでなく、**頭の中で、上から俯瞰した「一枚の絵のように全体を見る能力」**を持っていたと言われています。

もちろん、ビジネスの現場では、絵という抽象的な概念ではなく、

・会議で発表された事業計画・売り上げ予算
・PCで入力する営業日報
・PCで確認する売り上げなど進捗情報
・ノートや手帳に日々書き込まれた商談結果や気づき
・手帳にある顧客訪問計画

という形で、バラバラに存在している情報のことです。

これらを一枚の絵として描いて視覚化できていなければ、PDCAが回っているかがわかりません。回っている実感もなく、なんとなくPDCAが回せている気になってしまうか、PDCAのことなんか忘れてしまうかです。

この全体像という一枚の絵がどんどん変化し、改善されていくことが見えていなければ、PDCAが回っていることに気づくことは難しいでしょう。

このように、ちゃんと全体像を頭の中に「視覚化」できていることの重要性は、PDCAを回す際にも当てはまります。

➡見える化その2　数値化する

2つ目が「数値化」です。
これが最も仕事で使われるPDCAの指標でしょう。
たとえば、

売り上げ目標を立てる
←
営業販促を行う
←
月末締めをして、実際の売り上げを計算する
←
会議をして振り返り、次の改善案と対策を行う

数値がしっかりとした計画目標に落とし込まれているケースでは、その評価もまた

数値ではっきり把握することが可能です。そして打ち手となる行動も数値化できていれば、ＰＤＣＡは回しやすくなります。

売り上げなど数値目標を立てやすい仕事のほかにも、ダイエットやランニングなども、数値でＰＤＣＡを回しやすいものだといえるでしょう。

見える化その3　書く（描く）

一方で、数値化しにくいものもたくさんあります。

- いつも遅刻している
- スケジュールを先延ばしにしがち
- なかなか行動できない

などの問題は、一般的に数値化が難しく、ＰＤＣＡが回りにくいものです。

しかし、これもノートや紙に書いていくことで、ＰＤＣＡを回すことができます。

かつて岡田斗司夫《としお》さんは「食べたものを記録する」という方法で、1年間で50キロのダイエットに成功されました。それが『いつまでもデブと思うなよ』(新潮新書)という一冊の本になり、50万部を超えるベストセラーにもなったので、ご存じの方も多いでしょう。

日々の食べているもののログ(記録)をとることで、意識が変わり、自分の行動の全体像が見える化され、次の行動に生かされる、というカラクリです。

実はこの**『いつまでもデブと思うなよ』もPDCAが回ることでうまくいったという一例**だといえます。なので、一見数値化されにくいものであっても、書いて見える化をすることで、PDCAは一気に回りやすくなるのです。

また、仕事ができる人は図で考える、と言われています。

言葉でどれだけ説明されるよりも、シンプルな図を書いて説明されると一瞬で伝わる、ということがありますよね。

人に道案内することを考えてみてください。言葉だけで説明しようとすると、「次の角を右に曲がって、70メートルくらいまっすぐに行ってから小道を左に入ると扉があるから、それを右に曲がって、その裏にある……」と言われてもかなり理解するのが難しい。でも簡単な地図を見せれば、一瞬で理解できたりしますよね。

頭の中だけで考えるのではなく、書いて（描いて）見える化するだけで、「わかりやすい」ものになります。

このように、ＰＤＣＡを回すポイントは、数値であれ、文字であれ、記録して、一枚の絵として全体像を「視覚化」することで、サイクルが回っていることをわかりやすくすることにあります。

「ＰＤＣＡが回っているな」
「改善されているな」
ということを、目で見て認識できること。

それがＰＤＣＡを回す第１のルールになります。

ＰＤＣＡの一連の流れが一枚の絵として記録され、視覚化されていれば、迷うことなく、計画も実行も評価も簡単に手をつけることができます。すると、あとはどう改善しようか、と考えるのも「簡単」になります。

ルール2　仕組み化
PDCAは仕組みで回る

回る仕組みのつくり方

次のルールは、「仕組み化」です。

PDCAが回らない理由の大きな原因は、「回る仕組み」ができていないことです。

「回る仕組みって何？」と思うかもしれません。

そもそも、PDCAを回すために重要なポイントがあります。

それは、PDCAはほうっておいても回らないということです。まずは、これを理解してください。大事なことなので、もう一度言います。

PDCAはほうっておいても回らない。

だから、ＰＤＣＡは回る仕組みづくりが鍵なのです。「ＰＤＣＡを回せ」というのは、言い換えれば「回る仕組みをつくれ」ということ。つまり「仕組み化」です。

では、仕組み化とは、どういうことなのでしょうか？

仕組み化とは何か？

仕組み化とは、努力や意思の力など関係なく、一度その仕組みをつくったら、半自動的に動くシステムのことです。

ポイントは「コピー可能」な点です。再現性があること、とも言えます。

この仕組み化はあらゆる分野で見ることができます。たとえば、私の得意分野であるＥｘｃｅｌによる仕組み化もそのひとつです。データ集計や分析のためにテンプレートを一度つくっておけば、コピーして別のシーンでも再現できるのは、あなたも日頃から活用されて、ご存じだと思います。

また、ラーメン屋の経営などにおいても、仕組み化の一端を見ることができます。

たとえば、超一流のラーメンづくりの達人がいたとしましょう。経験豊富で、つくり上げるラーメンの味は絶品、売り上げもうなぎ登り、経営も安定しています。

しかし、このラーメン屋が中長期的に安泰かといえば、そうではありません。

もしも、このラーメン屋の店主が倒れたらどうでしょう？

ラーメン屋の店主が、別のラーメン屋に引き抜かれてしまったら？

ラーメン屋の売り上げが、店主の腕ひとつにかかっている以上、店主に何かあれば、一気に客足は途絶え、それこそお店は潰れてしまうかもしれません。

これは仕組み化ができていない典型例です。

安定的にラーメン屋が回る仕組みは、店主がいなくても、半自動的に同じ味、いつどこで食べても同じクオリティを出すしかありません。

そんなことができるのかといえば、できているお店があります。それが人気ラーメンチェーンの「天下一品」です。

ほかでは真似できない秘伝のスープで人気が出たあと、スープを大量生産し、全国どころか、海外で食べても同じ味を保てるようにしたことで、全国的な人気を博し、経営も安定しました。今ではグループ全体で年間160億円以上の売り上げを上げる人気ラーメンチェーン店になっています。

仕組み化のポイントは、秘伝のスープを大量生産したことです。ひとつのスープと同じ味を全国で再現する仕組みをつくるのに、ものすごい時間と労力、試行錯誤があったはずです。

しかし、一度その仕組みをつくってしまえば、あとはコピーするだけ。店主の腕に頼るのではなく、仕組み化することで、誰でも、半自動的に同じクオリティの商品を提供できるようになったのです。

これは、**「いつ、どこで、誰がやっても、同じように成果が得られる」システム**なのです。

これは本書でご紹介するPDCAノートにおいても同じです。

その日の気分や調子にも左右されることなく動くシステムをつくることで、安定的にPDCAが回るようになります。

ルール3　習慣化
PDCAを回すことを習慣化する

そのPDCAは続かなければ意味がない

最後のルールは、「習慣化」です。

PDCAは一度回して終わりではありません。回し続けて成果を出すために回すのです。

プロジェクトや重要な計画、日々の仕事、自分の肉体改造……など、なんでもかまいませんが、PDCAを回し続けるための習慣を持つことが大切です。

短期勝負の一プロジェクトであれば、PDCAを回す必要はないかもしれません。

「締め切りまで残り1カ月しかない」

そんな仕事であれば、計画を立て、実行して、評価して、改善して――と悠長にPDCAを回している場合ではないでしょう。もちろん短期の仕事であってもPDCAを回すことはできますが、そんなことよりも、締め切りに向かって全力で取り組み、結果を出せばいいでしょう。

しかし、中長期的な仕事全般、重要顧客との取引、プロジェクト、あなたの人生そのものであれば、長くPDCAを回し続けることがあなたの成長の鍵なのです。

PDCAの習慣化とは？

PDCAは理論上、回し続けることで成果が出るものです。

つまり、1回ポッキリ回転させた程度では、効果が出たとしても序の口。継続的に回すことによって、どんどん行動が促され、問題点や課題が改善されていくのです。

つまり、継続する習慣が欠かせません。

ある仕事の状況をどんどん改善するためには、きまぐれに一度振り返りをつくって評価をしていくのではなく、月に1回、週に1回、もしくは毎日でもPDCAを回していく習慣をつくっていくことが大切になります。

PDCAの習慣化とは、実際にはどうすればいいのでしょうか。

ポイントは、次の3つです。

- 時間や行為とセットにすること
- すぐに、簡単にできること
- やることが決まっていること

時間や行為とセットにする

習慣化のためには、「時間や行為とセットにする」ことです。たとえば、朝ご飯や晩ご飯を食べたら、歯磨きをしますよね。ほとんどの人が習慣になっているのではないでしょうか。これは「ご飯を食べる ＋ 歯磨きをする」という2つの行為を行っていますが、実際にはセットになっていると言えます。

会社員時代の私は、朝8時にはカフェで朝活し、夕方6時には退社、そしてまたカフェで副業の面談をしていました。これも習慣です。時間を決める、もしくは行為とセットにすることにより、習慣化はしやすくなります。

ですから、習慣化するためには、まずこの2つのどちらかを行うことがポイントになります。PDCAノートの場合も同様です。

- **ノートを書く時間を決める**
- **ある行為をしたら必ずノートを開いて書く**
- **ノートはデスクに開いて置いておく**

これにより断然、習慣化しやすくなります。

すぐに、簡単にできる

ただし、習慣化はこれだけでうまくいくわけではありません。

重要なポイントが**「すぐに、簡単にできる」**ことです。

複雑で毎回すごく時間がかかるものを習慣化するとなると、習慣化のハードルは一気に上がります。逆に、すぐに簡単にできることであれば、面倒くささを感じることがないので、ササッと終わらせることができます。

本書でご紹介するPDCAノートが、ものすごく時間がかかるものであれば、当然続けるのが面倒だと感じますよね。でもご安心ください。ササッと終わらせることができます。

やることが決まっている

最後は**「やることが決まっている」**ことです。

たとえば、PDCAを習慣化しようとしたときに、毎回、「今回はどうしようかな

〜」と考えなければいけないようであれば、きっとＰＤＣＡは回らなくなります。

なぜなら、毎回何をするかがわかっていないと、「何をすればいい？」と脳のワーキングメモリを消費し、やる気が削《そ》がれるので、続けるのがツラくなるからです。

これは「すぐにできる」とは、また違ったレイヤーの話です。

たとえば、歯磨きを例に考えてみてください。

「今日はどこから磨いていけばいいんだろう」

「まず奥歯から磨いていき、次に前歯に行くのがいいかな」

「昨日は前歯から奥歯に行ったから、今日は違う順番のほうがいいのだろうか」

毎回こんなことを考えなければならないようだと、まず続きませんよね。

習慣化されているものというのは、何をするかが決まっているのです。毎回考えたり、悩んだり、意思決定をしなければならないものというのは、難しいと感じ、続ける以前に行動をするのが億劫《おっくう》になります。

ですから、ＰＤＣＡを回す習慣をつくる際も、「何をするか」という行動は先に決めておく必要があります。

本書はＰＤＣＡノートを使っていますが、毎回悩んだりすることはありません。ＰＤＣＡノートが持つ仕組みに従うだけで、自然とＰＤＣＡを回せるようになるのです。

1. 時間や行為とセットにする
2. すぐに、簡単にできる
3. やることが決まっている
の3つがポイント

PDCAは「ノート」ですべてが解決する

PDCAの3つのルールを押さえるノート術

ここまでPDCAの基本3つのルールを見てきました。

ルール1 見える化　PDCAは視覚化できれば回る
ルール2 仕組み化　PDCAは仕組みで回る
ルール3 習慣化　PDCAを回すことを習慣化する

しかし、これらのルールをわかっているだけでは、PDCAは回りません。

これまでに述べてきた通り、ＰＤＣＡは「知っている」だけでは意味がないのです。ＰＤＣＡを意識しただけ、回そうと思っているだけでは、回らないのです。

鍵となるのは、これら3つのルールを押さえた「フレーム」を用意すること。

詳しくは次章に譲りますが、フレームだけが人を動かします。

では、ＰＤＣＡを回すフレームとは何か？

それこそが、本書でご紹介する「ＰＤＣＡノート」です。

ＰＤＣＡノートは、自動的にこの3つのルールを押さえています。

ノートを毎日書くだけで、自分自身のＰＤＣＡも、仕事のプロジェクトのＰＤＣＡ、夢を実現するためのＰＤＣＡも回せるようになります。

必要な時間は一日5分程度。かかったとしても、10分以内でしょう。

詳しくは次章以降で解説していきますが、ＰＤＣＡを回すフレームをノートの中につくっていきます。

これまでいくら頑張っても回らなかったＰＤＣＡが、いとも簡単に回るようになります。しかも、あらゆるシーンで応用可能なのがＰＤＣＡノートのすごいところです。

すべての基本となる、毎日回すＰＤＣＡ

プロジェクトごとのＰＤＣＡ

プライベートのＰＤＣＡ

夢に向かうためのＰＤＣＡ

など、あなたがＰＤＣＡを回して目標達成したいと思っていたものすべてが、１冊のノートで解決します。

それでは次に、ＰＤＣＡノートを書いていく前に、身につけておきたい思考法についてお伝えしていきます。

第2章

ノートを書く前に覚えておくべき「PDCA思考」

「フレーム」があなたを動かす

無意識の行動はすべて「フレーム」である

PDCAノートを使う前に覚えていただきたい概念が「フレーム」です。

フレームとは、物事を整理する際に使われる思考の型、などと一般的には理解されています。

人はよくも悪くも、フレームに縛られて生きています。人の行動の90%はフレームに縛られているとも言われるほどです。

自動車を運転する方なら、センターラインがある道路とセンターラインがない道路をイメージしてみてください。

センターラインがない道路を高速で運転するのはものすごく不安ですよね。たった1本の線があるだけですが、それだけで左右に分かれて安心して運転できるようになります。これもフレームの力です。

ほかにも駐車場に引かれた白線。これを見るとその中に駐車しようとしますよね？

「白線の中に収まるように駐車してください」

なんて標識はなくても、白線があればその枠内に駐車してしまう。

こうして自動的に脳が判断してしまうのがフレームの力なのです。

もちろん、線だけではありません。

朝起きたら歯を磨くのも、学校に通学するのも、会社に通勤するのもフレームの力です。

いちいち考えなくても、朝起きたら（もしくは朝食を食べたら）歯を磨く。通学や通勤するのにあれこれ悩みませんよね？

無意識化された行動というのは、フレーム化された行動と同義です。

日常的に行っているあらゆる行動は、フレームによって動いているので、考えなくても、無意識にできてしまうのです。

「これをしたら、次にこれをする」というのもフレームです。

フレームが用意されると、脳はいちいち考えたり、悩んだりすることなく、結果につながる行動をとります。

逆に言えば、フレームを意識すれば、自然とその通り動くことができます。つまり、フレームを活用すると楽に物事を進めることができるということ。こんなに使える方法があるのに、ほとんどの方は意識してフレームを活用していません。

フレームを活用することで、自分の思った通りの成果を手に入れることができるのです。本書のPDCAノートも、このフレームを最大限活用したメソッドになっています。

「いつも通り」で脳も省エネ

結局、「いつも通り」が脳にとって一番楽なのです。

仕事が遅かったり、うまくいかなかったりする人は、脳に無駄なエネルギーを使わ

フレームとは？

枠組み(フレーム)をつくることによって、「行動への意味づけ」や「これをしたら、次にこれをする」など、無意識の行動が促される。

そのため、PDCAの枠組みが視覚化されれば、勝手に回り始める。

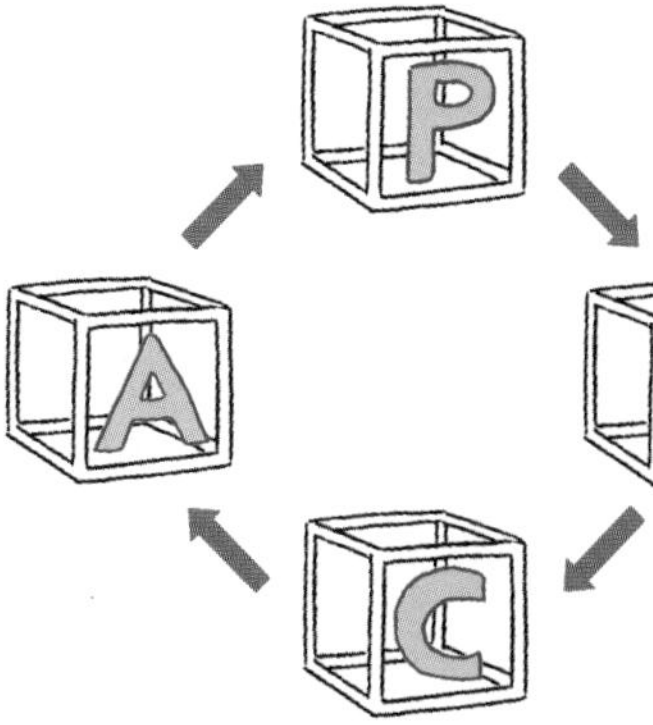

フレームさえできていれば、
自動的に行動してしまう

フレームを活用すれば、
思考と行動が変わる！

せています。仕事の進め方や考え方を決めずに、いちいちどうしようかなぁと頭を悩ませることが脳にとって一番エネルギーを使うことだからです。

意志の力（ウィルパワーといいます）は有限のリソースです。

悩んだり、意思決定を繰り返すたびに、脳は疲弊し、思考のスピードが落ちたり、考える精度が下がっていきます。

脳のエネルギーを消耗させないためにも、フレームをうまく使いましょう。

フレームがない人は、毎回無駄なところで考えたり、悩んだりしてしまいます。

でも、フレームを一度つくってしまえば、それは「作業」に変わります。やることが明確で、自動操縦の車に乗っているようなものです。いつも通りにやればいいので、悩むこともかなり減ります。

仕事の進め方そのものにいちいち悩んで消耗していた仕事も、フレームをうまく使って「いつも通り」の作業に変えることで、それらを省エネ化し、本来頭を使うべき「計画や戦略を練る」「アイデアを出す」など、クリエイティブなことにエネルギーを投入できるのです。

世界のエリートもフレームで考えている

フレームで動くという原理は、ほとんどすべての人に当てはまります。世界の一流の人たちも例外ではありません。

たとえば、米国アップル社の創業者である故スティーブ・ジョブズ氏が、会議でやっていたことは、議題に上ったアイデアを「3つに絞ること」でした。

それが彼の仕事だったと言われています。

これもフレームですね。3つに絞り込むというフレームを使っていたのです。

また、世界的な経営コンサルタントである大前研一氏もそうです。彼は複雑な問題を解決するとき、いつも「ピラミッド・ストラクチャー」という思考法を使っていることで知られています。

世界の知的生産分野の最高峰といわれるマッキンゼーなどの経営コンサルティング会社では、入社後すぐに知的生産のフレームを身につけることが課せられ、3年間で1万枚ノートを書くことで一人前になる、といわれています。

「改善（カイゼン）」で知られるトヨタもそうです。前述の「4つのM」の無駄を徹底的に省く改善の仕組みを使うことで、生産性を徹底的に上げていきます。

結局、フレームは行動の質とスピードを高め、誰でも簡単に結果を出す技術なのです。世界の一流も、いえ、世界の一流ほどフレームで動くものなのです。

PDCAノートは、PDCAを回すフレームそのもの。

フレームを使うことで、これまで「知っている」だけで終わっていたPDCAを簡単に回せるようになります。

何も難しいことはありません。

ノートとペンさえ用意すれば、簡単にPDCAは回り始めます。

なぜなら、それが「フレームの力」だからです。

人はフレームによって動いていています。これまで回せなかったPDCAを、ノートというフレームを活用して、ガンガン回していきましょう。

PDCAとは試行錯誤のフレームワーク

エジソンは1万回の気づきを得た

あなたは目標を立てて実現するために、何回くらいチャレンジしていますか？

『思考は現実化する』（きこ書房）の著者で、成功哲学の祖とも呼ばれるナポレオン・ヒルの調査によると、**人が目標を掲げたときに諦めるまでにトライする回数の平均値は、なんと1回未満**だそうです。

すなわち、目標を立ててもチャレンジしないか、1回やってうまくいかなかったら諦めているのが実態ということです。

いうまでもなく、1回失敗したとしても、対策を考えてもう一度チャレンジすれば、失敗を踏まえた上での行動なので、成功率が上がっているはずです。もちろん、そもそも可能性がないのであれば、やめるという判断も大事でしょう。

しかし、**ビジネスにおけるチャレンジでは、「失敗したからやめる」という人があまりにも多い**のです。

百発百中の天才スナイパーや10打数10安打の天才バッターのように、あなたが超天才であれば1回やるだけでうまくいくかもしれません。

でも、当然そんな人はいません。

どんなことでもたった1回のチャレンジで100%成功する人なんていないわけですから、そもそもチャレンジ数が少ないというのは、成功確率を下げる「ダメな戦略」でしかないわけです。

何回か失敗しても、それが経験や糧となります。このような試行錯誤をしながら、挑戦し続けていれば結果は自然と出てきます。

あなたも、エジソンのことはご存じでしょう。

発明王であり、蓄音機や白熱電球を実用化した、実業家のトーマス・エジソンです。

実は、白熱電球を発明したのはイギリス人の物理学者、ジョゼフ・スワンです。

エジソンはそれを実用化するため、実験に実験を重ねて、ついに日本の竹を使って実用化に成功するわけですが、その時記者から次のように質問されました。

「エジソンさん、白熱電球を実用化するまでにたくさん失敗して苦労されたと思いますが、今のお気持ちは？」

エジソンはこう答えたといわれています。


「私は失敗したことがない。ただ、1万通りのうまくいかない方法を見つけただけだ」


有名な言葉なので、ご存じの人も多いと思います。

成功を手にする最大の秘訣は、試行錯誤にほかなりません。

いろんな方法を試してみて、気づきから次の手を打つ。これこそまさにPDCAサイクルそのものなのです。

試行錯誤とは、うまくいかなかった実績から始まる、うまくいった実績という成果やゴールにたどり着くためのプロセスです。

試行錯誤こそが成功への道、というのは我々の遺伝子にも組み込まれています。

人類の祖先であるホモ・サピエンス（新人）が生存競争に勝ち抜いて、進化してきました。一方、ネアンデルタール人（旧人）は氷河期に絶滅しています。

ホモ・サピエンスとは「知恵のある人」という意味です。

でもネアンデルタール人に知恵がなかったわけではなく、狩猟生活を送っていたし、脳の容量そのものは、むしろネアンデルタール人のほうが大きかったというのです。

では、彼らの命運を分けたものは何だったのか？


それは**「試行錯誤」**です。

ネアンデルタール人も石器をつくり出しました。しかし、それは何万年もの間変化することがなく、ただ同じ石器をつくり続けるだけという、「知識」の伝承しかしてこなかったといいます。

それに対してホモ・サピエンスは、地域や時代によって様々なバリエーションの石器をつくり出してきたのです。

つまり、「知識」に頼るだけでなく「試行錯誤」してきたからこそ、環境の変化に対応できて生き残ることができたということです。

「知識は陳腐化する。だから試行錯誤して対応していく」という普遍的な考え方は、実は我々が遺伝子レベルで、すでに身につけているものなのです。

世界一の経営コンサルタントである、ピーター・ドラッカーの言葉を紹介します。

「最高のキャリアは、あらかじめ計画して手にできるものではない」

これは『プロフェッショナルの条件』(ダイヤモンド社)の一節です。

つまり、何事も**最初からうまくいくことはない**のです。

何度も計画を修正し、試行錯誤を繰り返さなければ、望むものは手に入りません。

その試行錯誤のサイクルをつくることではじめて、自分を高められ、結果につながっていくのです。

「構え！　撃て！　狙え！」

行動してから修正するという考え方

ビジネスの現場では、伝統的に戦争用語が使われることがあります。

戦略、戦術、キャンペーン、ターゲット、ロジスティクス、インフォメーション……など。企業の組織構造も、もともとは軍隊の組織構造を模倣したものでした。

さて、冒頭の「構え！　撃て！　狙え！」に、あなたは何か違和感を抱きませんでしたか？

戦争映画などでは、指揮官が一斉射撃の命令を下すシーンでこう言われます。

「構え！　狙え！　撃て！（Ready! Aim! Fire!）」

つまり、「狙ってから撃つ」のが一般的なのです。では「撃て」が先で「狙え」が後とはどういうことでしょう?

戦場のように撃つか撃たれるかというような緊迫した状況では、「狙え!」と「撃て!」の間に、躊躇《ちゅうちょ》はないはずです。なぜなら、その一瞬の隙《すき》が命取りになるから。こんなやりとりがあったら嫌ですよね。

上官「狙え! 撃て!」
部下「まだ狙っています!」
上官「いつまで狙っているんだ! 早く撃て!」
部下「いや、まだ狙いが定まっていません!」
上官「早く撃ってみないとわかんないだろ!」
部下「もう少し狙いたいんです! (バン!) うっ、ううう……(バタン)」
上官「もう! だから早く撃てって言ったんだ……」

実際にはこんなことはあり得ませんが、ビジネスの現場では遅々として進まない、もしくは進めないということがあります。

上司「売り上げが伸び悩んでいるA社に、営業かけてこい」
部下「今、提案書を考えています」
上司「いつまで考えているんだ、早く営業かけてこい」
部下「まだバッチリ決まる提案を考えつかないんです！」
上司「営業かけてみないとわかんないだろ！」
部下「もう少しいい提案を考えたいんです……。（競合のX社がA社とコラボ企画立ち上げたというニュースが流れる）あっ……」
上司「もう！　だから早く営業かけてこいって言ったんだよ……」

このたとえでは、上司も少々無責任ではありますが、まだ精度が高くないからとか、いい企画になってないから、というような「〇〇がないから」「できていないから」「完璧でないから」という、できない理由を挙げて、行動しないということがよくあります。

あなたも心当たりはありませんか？

とにかく撃たない　＝　行動しないから、成果が出ない

構えたらすぐ撃ってみる　＝　計画したら、すぐ行動する

もちろん、一発で成功することはまずありません。

ここで大切なのは、**行動することで計画と実際のギャップが見える**ことです。

計画を綿密に立てても、成功するかどうかはわかりません。

計画の精度を高めることに血道をあげて時間をかけるのではなく、まず行動してみる。そうして計画とのギャップがわかったら、「狙う＝軌道修正する」。

これが成果をつかむ最短の道です。

ビジネスの現場では生死を分かつような判断が迫られることはまずないと思いますが、行動が遅れたためにおいしいところを持っていかれる、ということは普通に起こり得ます。

「あのアイデアは俺のほうが先に考えていたのに！」

と言っても、あとの祭り。

アイデアや計画そのものに価値はありません。

行動しながら考え、改善していけばいいのです。

PDCAにおいても、まずは「P　計画」と「D　実行・実績」を考えることです。言い換えれば、完璧な計画ができていないからといって、立ち止まってはいけないということです。

たとえば、計画が完璧じゃないからとPDCAを回さないでいると、永遠に計画と実際のギャップは見えてきません。

計画の前にあるのは、仮説でいいのです。すべて仮説でかまいません。それをもとに行動するからこそ、現実とのギャップが見えてくるのです。それがわかれば、「C　評価・気づき」と「A　改善策」を出すことができます。

まずは先に動き出して、その結果・実績のギャップを見ることが大事なのです。

仮説でいいので、どんどん計画を立てて、動いてみてください。そして動きながら考え、軌道修正をしていけばいいのです。

ＰＤＣＡの前に「Ｇ」をつけろ！

「Ｇ」があれば、99％の努力は無駄にならない

ＰＤＣＡというと、「まずはＰの計画から」と思いがちです。

しかし、その前にもっとも重要なことがあります。

あなたは次の言葉をご存じでしょうか？

「天才は1％のひらめきと99％の汗」

Genius is one percent inspiration, 99 percent perspiration.

これはエジソンの有名な言葉なので、知っている方も多くいらっしゃるでしょう。

では、これが誤訳だということはご存じでしょうか？

エジソンの本意は、

「1％のひらめきがあれば、99％の無駄な努力をしなくてもよい」


と、真逆のことを言っていたのです。

記者が「努力が大切」と解釈してしまったのが、誤訳の原因だと言われています。

エジソンは後年、周囲の人に「努力を強調する内容に書き換えられてしまった……」と嘆いていたとも伝えられています。

闇雲《やみくも》に努力することが大切ではないのです。

天才のように1％のひらめきがなくても大丈夫です。

それより何より、試行錯誤する上で大切なのは、ゴールが明確になっていることです。

「試行錯誤しながら、何かうまくいく方法がたまたま見つかった」

なんてことはありません。そのゴールがもしぼんやりしたものだったら、どう試行錯誤すればいいのかわかりませんよね。

「目標を達成した！」

と明確にわかる目標が定義されていなければ、試行錯誤の方向性も定まりませんし、そもそも達成したかどうかを判断することもできないのです。逆に言えば、ゴールが定まった状態で試行錯誤をしていけば、いつか必ずゴールにたどり着きます。

「G-PDCA」という考え方

大切なのは、ゴールしたイメージがまるで映画のワンシーンのように思い描けるかどうかです。

「目に見えないものは実現できない」

と先に書きましたが、これには2つの意味があります。

1　紙の上などで物理的に目に見える形になっていること

2　目標そのものが目に見える。何をしているか、様子・状態がイメージできること

この2つです。PDCAを回し続けるには、何よりも先に「ゴール」が必要です。そしてそのゴールを2つの「見える」にすること。

これが欠かせません。

脳は見えるものしか実現できないのです。

PDCAを回していくためには、ゴールが明確になっていることが大前提です。

つまり、何のためにPDCAを回しているのか。

ゴールはどういう形をしていて、どういう状態になっているものなのか。

大事なのは、PDCAを回していった先に何があるのかを考えることです。もうすでに明確になっている人もいれば、まだぼんやりとしたままの人もいるでしょう。

本書のPDCAノートを使って、回したPDCAのゴールを考えてみてください。

この考え方のことを、**「G－PDCA」**と言います。

計画の前にまずはゴールを設定した上で、PDCAを回していくのです。


「なぜ、PDCAを回すのか？」


まず、これを問いかけてみてください。

ゴールのないPDCAは、必ず方向性を見失います。

ゴールがコロコロ変われば、必要以上の修正、言ってしまえば無駄な修正を何度もしなければいけなくなります。もちろん、それも試行錯誤ではありますが、本当の試行錯誤とは、ゴールに到達するためにあるものです。

これもPDCAのひとつの考え方で、とても重要なことなので覚えておいてください。**PDCAを回すことは、方法論であって目的ではありません。**

あなたのPDCAを回した先にあるゴールそのものを、まずはしっかりと定めましょう。

試行錯誤し続けた人だけが成果を手にする

イチローも6割以上の凡打の山を築く

あなたのこれまでの人生も、試行錯誤しながら歩んできたのではないでしょうか。
たとえば、今は当たり前に自転車に乗れているかもしれませんが、最初は補助輪をはずして転ぶことから始まったのではありませんか？

何度も転びながら、少しずつこう足を動かすとか、ハンドルはこう握るとか、試行錯誤しながら自転車に乗れるようになってきたはずです。

誰もが試行錯誤しながら学ぶということを体験してきたのに、大人になるといつの間にか失敗を恐れるようになってしまうのです。

大リーグで活躍したイチロー選手だって試行錯誤の連続だったはずです。

彼は、2016年8月7日にメジャー通算3000本安打の偉業を達成しました。イチロー選手の大リーグ通算打率は約3割ですから、3000本のヒットを打つためにはその裏でその倍以上、6000本の凡打の山を築いてきた計算になります。

3000本安打を打つイチローでさえ、打率は3割強なのです。

その6000本の凡打から学び、軌道修正しながらの3000本安打という偉大な記録があるのです。これだってPDCAです。

天才と言われる人であっても、この試行錯誤によって自分を成長させています。失敗から学び、日々自分を向上させることで、成功へとたどり着く――。

結局、試行錯誤し続けた人だけが成果を手にすることができるのです。

フレームなきPDCAからの脱出

では、試行錯誤するにはどうしたらいいのか？

これも、PDCAというフレームで考えましょう。

先ほども書いた通り、PDCAはまさに試行錯誤のフレームワークそのものです。「計画」して、「実行」して（実績を確認し）、「評価」して（失敗から気づきを得て）、「改善」して次の手を打つ。

PDCAなどとアルファベットを使うからわかりづらくなっているのであれば、**「試行錯誤」ができるフレームワーク**だと考えてみましょう。

PDCAを「回す」ために必要なことはただひとつ、と言っても過言ではありません。

それは**PDCAを回すフレームを用意すること**です。

それをノートで実現するのが、本書で提案する「PDCAノート」です。

あなたも今日からフレームなきPDCAから脱出して、PDCAノートを使って、目標達成するために日々の試行錯誤を実践していきましょう！

第3章

PDCAノートのつくり方

「ノート×4本線」でPDCAフレームはできる

PDCAはノートで、でっかく回せ！

それでは早速、ＰＤＣＡノートを始めていきましょう。
用意するものは次の２つです。

- **A4サイズ以上のノート**
- **ペン**

以上です。必要なのは、たったこれだけです。

ノートはA4以上のサイズがあればOKです。こう言うと、よく「A6ノートとか手帳ではダメなんですか？」と質問されます。

100%ダメではありませんが、オススメしていません。

その一番の理由は「スペース不足」です。

手帳や小さいノートでは、PDCAのフレームをつくって細かく書いていくと、スペースがどうしても足りなくなります。書いていったとしても、どんどん字も小さくなっていきます。それでも書ければいい、と思うかもしれませんが、仮に書けたとしても問題があります。

それは、**ノートのサイズは、思考のサイズそのもの**だからです。

小さいノートや手帳のわずかなスペースに書くというのは、思考のサイズも小さくするようなものです。

メモ程度なら小さなスペースでもいいでしょう。

しかし、思考を整理し、行動や結果を記録し、気づきから改善策を生み出すには、大きな思考のスペースがあったほうがいいのです。

わずかなスペースの中に字を小さく書いていくと、思考も小さくなるばかり。あとで読み返すことも大変になりますし、ＰＤＣＡを回し続けるにはあまりにも不便です。だったら最初から**PDCAのためのノートを用意したほうが効率的**です。

Ａ４のコピー用紙の裏紙なんて、もちろんＮＧです。

その日一日で捨てるメモ程度なら使ってもいいでしょうが、今回は毎日ＰＤＣＡを回すために書いていきます。毎日の変化や気づきがひと目でわかるように、１冊のノートになっていることが重要なので、コピー用紙の裏紙では、ＰＤＣＡが機能しづらいのです。

ですから、小さなノートでも手帳でもなく、Ａ４サイズ以上のノートを用意してください。

そうすれば、ＰＤＣＡのそれぞれの項目を書き込んで考えるための十分なスペースが確保でき、一箇所にＰＤＣＡをまとめてしまうことができます。

より広い思考スペースを確保するツールとして、ノートを使うのです。

PDCAノートは方眼ノートがオススメ

さて、A4サイズ以上の大きさのノートであれば何でもいいと言いましたが、オススメは**方眼ノート**です。

方眼ノートとは、3〜5ミリ幅の等間隔の線がマス目状に入っているもの。

方眼ノートをオススメするポイントを簡単にまとめると、次の通りです。

- **ノートがキレイに書ける**
- **フレームをつくりやすい**
- **情報が整理される**
- **振り返ったときに、すぐに理解できる**

先ほどもお伝えした通り、ノートのフレームは、あなたの思考のフレームそのものです。ノートがぐちゃぐちゃになっているということは、あなたの頭の中もぐちゃぐちゃになっているということです。

ノートはただ書けばいいのではなく、フレームをつくり、そのフレームに整理して落とし込んでいくことで、本当の成果につながります。

PDCAノートは、フレームが鍵になっていますので、ぜひ方眼ノートを用意してみてください。

PDCAノートの書き方

まずはノートに4本の線を引いてみよう

それでは実際に、ＰＤＣＡノートの書き方をご紹介していきましょう。

フレームをつくるというと、難しく思うかもしれませんが、線を引くだけです。

まずは、Ａ４ノートを横置きにしてください。大学ノートなどの左右に開く横開きノートの場合は横にして使います（95ページ図①）。

そして、一番上から3〜5センチの箇所に水平線を1本、その下を4等分になるよう3本垂直に線を引いてみてください（95ページ図②〜④）。

一番上に書くのは、ゴールとなる題名・タイトルです。

何のPDCAなのか、いつのPDCAなのかがひと目でわかるように題名をつけてください。

今日一日のPDCAであれば、「20××年○月△日」と日付だけ書くのではなく、「今日をどんな一日にするのか？」

「どんな目標を達成したいのか？」

という願望も記入しましょう。

仕事で担当しているプロジェクトのPDCAノートであれば、そのプロジェクト名と達成したいゴールイメージを記入するといいでしょう（左ページ図⑤）。

ここで、3本の縦線で分割された4つの枠（フレーム）が出来上がったはずです。

左から順番に「P」「D」「C」「A」と、各フレームの一番上のところに書いて、タグづけしておきます。

この部分は、これから書いていく内容とごっちゃにならないように、四角で囲んでおくとわかりやすくて便利です（左ページ図⑥）。

PDCAフレームのつくり方

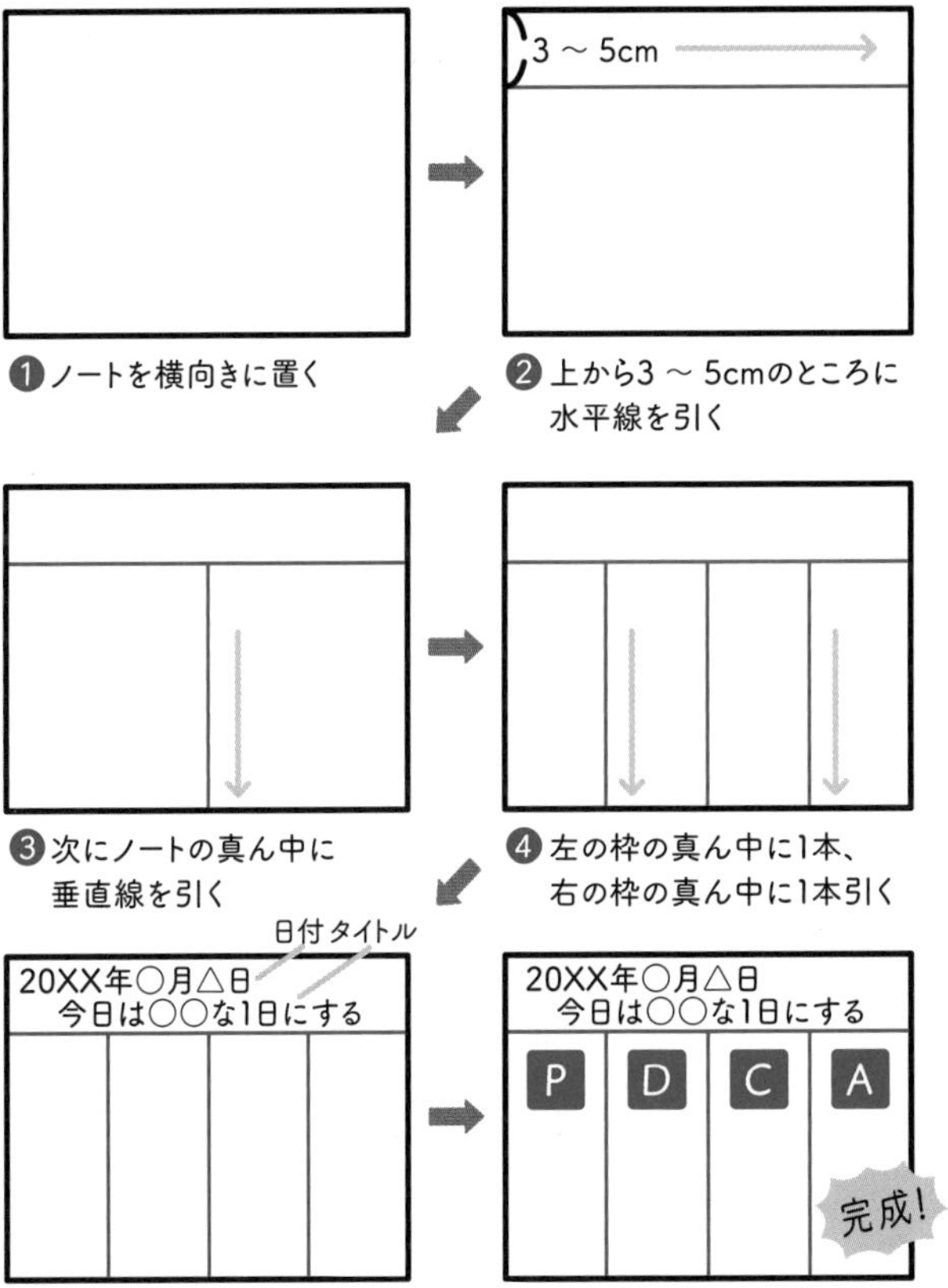

❶ノートを横向きに置く

❷上から3 ～ 5cmのところに水平線を引く

❸次にノートの真ん中に垂直線を引く

❹左の枠の真ん中に1本、右の枠の真ん中に1本引く

❺一番上の枠に日付とタイトルをつける。目標やテーマでもOK

❻PDCAを書き入れタグをつける

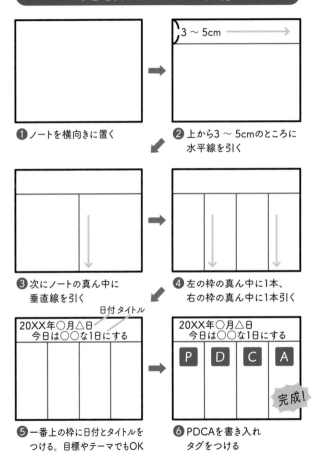

ＰＤＣＡのタグは、慣れてくればわざわざ書く必要はありませんが、最初のうちは意識して書いておいたほうが、内容を書き込みやすくなりますし、あとから見直すときも、どのフレームなのかが一瞬でわかるので、面倒でもきちんと書いておくことをオススメします。

こうしたタグづけもフレームの力です。

これで、ＰＤＣＡノートの基本フレームは完成です。

PDCAノートの種類

さて、ここで、ＰＤＣＡノートの種類について書いておきましょう。

ＰＤＣＡノートと一言で言っても、実は多様なノートをつくることができます。

- 一日ごとの「デイリーPDCAノート」
- 目標達成のための「目標達成PDCAノート」
- プロジェクトごとの「プロジェクトPDCAノート」

などです。ほかにもダイエットのためのＰＤＣＡノートや、運動習慣をつけるＰＤＣＡノート、自分のダメなところを改善して理想の人生を手に入れるＰＤＣＡノートというのもいいかもしれません。

ただ、すべての基本となるのが、**「デイリーＰＤＣＡノート」**です。

ここでは、この「デイリーＰＤＣＡノート」のつくり方をお伝えしていきます。

「P」計画フレーム

予定は手帳から。でも自分アポが最優先

では、はじめに「P　計画」のフレームの書き方をご紹介します。

1　Pのフレーム（左端）に時間軸を記入する
2　手帳から、今日の予定を転記する
3　手帳に書かれていないが、思いついた行動があれば追加記入する

まずは、仕事を進める上で基本となる時間単位、1時間ごとでも、2時間ごとでも、

デイリー PDCAノート

11/1(木)　今日のお題(目標達成したい成果につながる願望)				
6	計画	実績	気づき	改善策(行動)
7				
8	P	D	C	A
9				
10				
11				
12	スケジュール	結果・実績	自分視点での	課題解決の
13			気づき	ための行動
14	自分とのアポ	予定通り?		
15				
16	会議	ずれ?	うまくいった、	何を変える?
17	面談	突発案件発生?	いかなかった	何をやめる?
18			原因?	何を始める?
19				
20				
21				
22				

〈書き方のポイント〉

❶ 手帳の予定をP欄に書き移す

❷ 実行したこと、実績が出たらD欄に記入する

❸ その日のうちに振り返り、改善点を書き、次の日に生かす

90分1コマでもいいので、あなたが普段過ごしている時間単位で、時間軸を記入してみましょう。朝6時から深夜0時まででもいいでしょうし、仕事時間内のみ管理したいのであれば、午前9時から午後6時まででもかまいません。

この時間軸そのものもフレームとなっています。たとえば、早起きして何かしたいのに、深夜2時までの時間軸が記入されていれば、夜遅くまでの時間の使い方を計画してしまい、夜更かしして早起きできない危険性もあるわけです。ご注意くださいね。

次に、アポイント、会議など、今日の予定を手帳から転記していきます。

このときのコツは、**「最初に自分アポから書き込む」**ということ。

計画の基本は、自分のやりたいことを最優先にすることです。与えられた仕事、つまり上司や取引先との予定ばかり優先していては、一向に自分の夢や目標は達成できません。

当たり前ですが、予定は他人とのアポイントだけではありません。あなたのこれまでの「予定」とは、飲み会、ゴルフ、友達と遊ぶ……など他人とのアポばかりだったのではないでしょうか。

今日からは「自分とのアポ（予定）」も入れておいてください。ＰＤＣＡを回して目標達成したいことだからこそ、ちゃんと自分アポを優先させるのです。

そして、どの予定も必ず、**「始め」と「終わり」を決めてください**。トラブルがあっても対処できるようバッファ（余裕を持つ部分）も今のうちに入れておきます（バッファについては、第4章で詳しく述べます）。

さらに、手帳には載っていなかった自分の「行動」に関することも、思い出したら記入しておきましょう。手帳にはアポイントや会議など、自分以外の誰かとの予定について多く書かれているかと思います。手帳に書かれていない「〇〇へ移動」「資料作成をする」など、その時間帯に何をするか、書いていくのです。

ここまでが一日の最初に書く「Ｐ　計画」です。

「手帳からその日の予定を計画フレームに転記するのは面倒そうだな……」と思われたかもしれません。しかし、やってみるとわかりますが、ノートに線を引いて、1行目の今日のお題を書いて、手帳からその日の予定を書き写すのに5分もかかりません。

改めて一日の予定を見通して、見直すこともできるので、一石二鳥です。

「D」実行・実績フレーム

PDCAを回す上で大切な大前提

次に「D　実行・実績」の書き方です。

計画に対して実行したことや、起こった事実を書く

自分の行動結果や、計画を実行した実績・結果を書き込みましょう。

PDCAを確実に回していくための鍵がこの「D　実行・実績」になります。もちろん、PもCもAもすべて大切なのですが、「D」がPDCAを回し続ける大前提になっています。

なぜなら、Dとは「事実を残すこと」だからです。

詳しく説明しましょう。

PDCAの鍵は、「実行・実績（D）」を目に見える形で残す、ということ。

「D」を正しく書けているかは、「現状把握ができているか」と同義なのです。

仕事であれ、自分の成長であれ、PDCAを回してより向上していくためには、まず、「いま現状がどうなっているのか」という事実を知ることが、何より大切になります。その事実なくして、気づきも改善策も、次の計画も立てられません。

たとえば、取引先に行ってあるクレームを受けたのに、「○○に行った」だけでは、事実ではありません。上司に報告書を出したところ、2度出し直しになったのに、「報告書を書いた」とだけ記入しても意味がありません。

このDは何のために書いているか、を考えてみてください。

それは、**計画と現実のギャップを知るため**です。前章でもお伝えした通り、PDCAは試行錯誤のフレームであり、仮説をもとに行動してわかった現実を知るためにやっています。事実は次のステップ「C　評価・気づき」を得るためにも、もっとも重要なことのひとつなのです。

計画と結果のギャップが見えたとき、はじめて気づきが生まれます。それがあるからこそ、次の改善策も打つことができるのです。

この記録が残っていれば、同じようなことを繰り返す際に、

「この間の改善策（A）はうまくいかなかったから、次は別の改善策（A'）にしよう」

といった本当の改善策を練ることができます。これこそが、本当の意味で「PDCAサイクル」を回すことになります。

そのために重要なのが、「D」を正しく書くことです。

記録された事実がぼんやりとした事実ではなく、よりくっきりとした解像度の高い事実であればあるほど、そこからの気づきもより精度の高いものになります。

正しく「D　実行・実績」を書くポイントは、「その都度、書き込む」ことです。あとでまとめて書こうとすると絶対に忘れます。必ず、実行したら書き込みましょう。

・**予定通りできたのか？**
・**ズレが発生したのか？**
・**何をどうしたのか？**
・**結果はどうだったのか？**

計画していなかった突発案件が発生すれば、それも記入します。

ともかく、何をして、何が起こったのか、という「事実」だけを書いてください。

事実とは何か？

ここで事実とは何か、について確認しておきましょう。

事実とは、**固有名詞や数詞で表現できること**です。ですから誰が聞いても、疑問をはさむ余地はありません。

一方、形容詞が入っているとそれは事実ではなく、あなたの解釈になります。次の一文を見てください。

例：A社に訪問し、Bプランを提案したが、反応が悪い。採用見込みが薄い。

傍線を引いた部分が形容詞です。事実ではなく書いた本人の解釈が入っています。

「反応が悪いってどういうこと？」

「採用見込みが薄いってどういうこと？」

事実でないと、こうやって上司から説明を求められることが容易に想像できます。

「反応が悪い」という箇所を事実に置き換えるなら、たとえばこんなイメージです。

修正：A社に訪問したところ、先週火曜日に事前にメールで送っていた新製品Xのキャンペーン提案書に、目を通してもらえていなかった。今から説明しますと提案したが、『いいよ。あとで読んでおくから』と断られた。

完璧な事実を書こうとするあまり、悩んでしまい書けなくなるのも本末転倒ですから、最初は簡単に、**処理にかかった時間や、会った人、といった簡単な事実**から書いていき、慣れてきたら徐々に情報量を増やしていくといいでしょう。

「C」評価・気づきフレーム

自分視点で書く

実行し、事実を書いたら、次に「C　評価・気づき」のフレームを書きます。

事実を踏まえて、自分視点での気づきを書く

「D　実行・実績」に対して、うまくいった原因、うまくいかなかった原因、次はこうすればいいかもしれない、といった気づきを書きましょう。

あなたが問題解決していきたいことに対して、気づきが見つかることが大切なわけですから、必要な箇所について記入ができればＯＫです。

「計画通りでＯＫ。○○について□□しておいたのが効果的だったから、Ｘ案件にも使えそう！」

「Ａさんに依頼したのが間違い？　俺の依頼の仕方が問題？　あ、この点の指示が抜けていたな！」

「何と予定より40分も早く終了した！　これもノートに書いて考えた効果だな！」

このような感じでいいのです。「ＯＫ！」だけでもかまいません。すべて自分視点での気づきでいいのです。大切なことは書くこと。書いたものが見えていると、新たな気づきが出てきます。あなたの頭の中に留めず、ノートの上に書き出してください。

ここも慣れてきたら、書き込みを増やしていくといいでしょう。

もちろん、「Ｄ　実行・実績」に対して、すべて気づきを書かなければいけないわけではありません。

たとえば、「打ち合わせのために○○駅前に移動。予定通り5分前に到着」という事実があったとします。この場合など、特別気づきがない場合もあります。それを無理やり書こうとして、ずっと悩んでペンが止まってしまうのは本末転倒です。

ただし、何でもないような事実、たいしたことがないなと感じるような事実であっても、あなたの感情がピクリと動いたのであれば、そこに何があったのか気づきを書き留めておきましょう。

あなたの未来を切り拓く**「大きなお宝」**が埋まっている可能性もあります。

たとえば、普段は遅刻ばかりで気後《おく》れしてしまって、商談も何となくうまくいかない……という悩みがあり、そのことに対する改善策がうまく機能したのだとしたら、「5分前に到着したことで気持ちが楽だったので、商談もスムーズに開始できた！○○したことで余裕を持って出発できた！」といった気づきが書けるでしょう。

これだって、以前の自分より成長した自分になれる「お宝」だと言えるのです。

「A」改善策・次の行動フレーム

行動を書き出す

P→D→Cと回してきて、いよいよ最後は「A　改善策・次の行動」です。

気づきから、次に計画するための「よりよくする行動」を書き出す

うまくいかなかった、問題があったのならば、解決するための行動を「D　実績」と「C　評価・気づき」から、具体的に考えてみましょう。

もちろん、すべてうまくいっているなら、そのままでもOKです。しかし、うまくいっていないなら、何かを変えなければ勝手にうまくいくなんてことはありません。

計画の考え方そのものを変えたほうがいいのか、微調整だけでいいのか、何かをやめるべきなのか、もしくは何か別のことを始める必要があるのか……など、「D　実行・実績」と「C　評価・気づき」を眺めながら、思考を巡らせてみてください。

そこで見いだす改善策はもちろん、**すべて仮説でOK**です。

すべては試行錯誤です。

計画と現実とのギャップを知って、何度も改善していけばいいのです。

アイデアに行き詰まったらどうするか？

それは「人に聞く」ことです。

「上司と打ち合わせの時間をセットする」

「この分野に詳しいAさんに会って話を聞く」

など、行動というのは、自分ひとりですべて解決するものだけではありません。

思考停止になって何もしないままで悩んだり、放置したりするのではなく、他人の力を借りてでも、次の一歩を踏み出すことです。

「目標達成PDCAノート」の書き方

ゴールを達成するためのPDCAとは？

デイリーPDCAノートの書き方は前述した通りですが、ここでは一歩進んだ、さらに特定の目標達成にフォーカスしたPDCAノートの書き方をお伝えします。いわば「目標達成PDCAノート」です。

1　デイリーPDCAノートと同じフレームをつくる

2　「P　計画」と「D　実行・実績」に垂直の線を引き、左右に分割する

目標達成PDCAノート

11/1(木)　今日のお題(目標達成したい成果につながる願望)				
6	計画	実績	気づき	改善策(行動)
7 8 9 10	P	D	C	A
11 12 13	スケジュール	結果・実績	自分視点での 気づき	課題解決の ための行動
14 15	自分とのアポ	予定通り?		
16 17 18	会議 面談	ずれ? 突発案件発生?	うまくいった、 いかなかった 原因?	何を変える? 何をやめる? 何を始める?
19 20 21 22				

〈書き方のポイント〉

❶ P欄とD欄をタテに2分割する

❷ 左は成果につながる予定と行動(実績)を書く

❸ 右はそれ以外の予定と行動(実績)を書く

まず、デイリーPDCAと同じようにフレームをつくります。

次に、「P　計画」フレームと「D　実行・実績」フレームを、それぞれさらに2分割します。

線を引くときは、実線ではなく、破線や色を分けましょう。そうすることで、左右の見分けがつきやすくなります。これで準備はOKです。

それでは次のポイントです。実際に書いていくとき、何をするかというと、計画と行動を、あなたの目標達成という「成果につながるかどうか」を分けて書くのです。

破線の左側は、「成果につながる」予定・行動

破線の右側は、それ以外の予定・行動

「P　計画」フレームでは、そもそも成果につながる時間に「投資」しているのかどうかを把握できますし、「D　実行・実績」フレームでは、実際に成果につながる時間を使ったのかどうかが確認できます。

たとえば、あなたは4半期ごと、90日ごとの大きなゴールを決めていますか？

仕事でいえば、売り上げ予算といった数値目標というゴールであれば、日々の営業活動そのものが成果につながる予定となります。それ以外にも管理職であれば、部下が主体的に仕事に取り組める職場環境をつくりたい、といった状態目標を設定していると思います。

そのために、この4半期は部下の価値観を見つけるというコーチングに取り組むと決めたら、そのための予定と結果を左側の成果につながる欄に記入するのです。

「今日はAさんのランチミーティングで価値観についても話を聞く」

というのは成果につながる予定ですし、その結果、どんな話をして、どんな価値観がわかったのか、そのことは成果につながる行動・結果になります。

ほかにも、「3カ月後にTOEIC®900点獲得」という目標を掲げ、今月はリスニングをメインにした学習計画を立てたなら、その学習をいつやるのかという予定と、実際何をやったのかという実績は、成果につながる予定と行動になるわけです。

こうすることで、振り返ったときに、どれだけ成果につながる行動を取れたのか一目瞭然となります。

この行動を積み重ねた時間があなたの成長そのものですし、欲しい成果に近づいていることを実感することができるのです。

もちろん、成果につながる行動ができていないとしたら、「そもそも成果につながる予定が入ってないじゃないか！」ということや、「1行目の今日のお題、今日のゴールが、そもそも成果につながるゴール設定になってなかった！」ということも一目瞭然でわかるようになります。

「あー、ダメだなぁ」とため息をついていても現実は1ミリも動きませんが、ノートの中で課題が明確に見えていれば、次の行動が生まれます。

「そうか、まずは予定して始めてみよう！」といった感じで、成果につながる行動を起こすことも容易になります。

時間の使い方に色をつけるフレームを、あなたのＰＤＣＡノートにもぜひ、取り入れてみてください。

「プロジェクトPDCAノート」の書き方

プロジェクトごとのノートをつくろう

「プロジェクトPDCAノート」は、あるひとつのプロジェクトについて、PDCAを回すためのノートです。

プロジェクトと言っても、大掛かりな複数のメンバーを取りまとめて進めるようなプロジェクトではなく、あくまで個人やチームでの目標達成に向けた取り組み課題だと考えてみてください。

ある新製品のプロモーション企画かもしれません。あるいは、その新製品を取引先のA社に採用してもらうための取り組みかもしれませんし、上司が部下の育成のコーチングに取り組むことかもしれません。何らかの目的が明確にあり、実現したいゴールがある、そしてすぐに片づくものではない、一回の処理で終わらないような複数のプロセスがある仕事なら、それはもう立派なプロジェクトです。

それでは、「プロジェクトPDCAノート」のつくり方をご紹介します。

まずは次のページの図を見てください。

これまでのPDCAノートとは違いますよね。PDCA自体のフレームは変わりませんが、Pが細かく分かれています。また、右上に3つのポイントというフレームもあります。ひとつずつご説明します。

1 次のページの図に従って、フレームをつくる

2 タイトルを記入する

3 ゴール・目的を記入する

4 プロジェクトにおけるポイントを3つ書く

5 Pのフレームをタスクごとに分割する

プロジェクトPDCAノート

タイトル	1 2　3ポイント 3
ゴール：目的	

計画 P	実績 D	気づき C	改善策（行動） A
3/25	結果・実績 予定通り？ ずれ？ 突発案件発生？	自分視点での 気づき うまくいった、 いかなかった 原因？	課題解決の ための行動 何を変える？ 何をやめる？ 何を始める？
4/1			
4/8			
4/15			
4/22			

〈書き方のポイント〉

❶ プロジェクトにおける3つのポイントを書く

❷ P欄は必要に応じて分け、タスクを書き出す

❸ プロジェクトを通しての進捗が達成されているかもチェックする

最初に、図にあったような形でノートに線を書いてください。

次に、タイトルは、プロジェクトタイトルをわかるように記入し、その下のフレームに、このプロジェクトのゴール・目的を記入します。

そして、このプロジェクトを進める上で重要なポイントを3つリストアップし、ノートの右上に書いておきましょう。これにより、何が重要なのか、何をはずしてはいけないのか、などを書いていきます。

「P　計画フレーム」はプロセスの意味もかねる

先ほどの図を見てもわかる通り、デイリーPDCAノートと明確に違うのは、「P　計画」フレームです。

なぜここが違うのか？

それはPDCAの「P」は本来、「プラン（Plan）」のことを指していますが、このプロジェクトPDCAにおいては「プロセス（Process）」のPでもあるからです。

仕事とは、まず業務フローなどのプロセスがあって、その中に行動するタスクがあるという**「プロセス×タスク」**の組み合わせで考える必要があります。

ですから、プロジェクトを進めるにあたっても、「あれ、やったけ？」「忘れてた！」といった具合に、目の前のタスクや考えついたことを闇雲に進めるのではなく、プロセスとタスクというフレームを用意しておくことで、そのプロセスごとに必要なタスクを組むことが楽々できてしまいます。

あとはその流れに沿ってタスクを進めていけばいいのです。

「どんなプロセスで進めるか？」をいくつかのプロセスに分解しましょう。

そのプロセスごとに行うタスクも明確にしておきます。

見込まれる日程や時間も入れておきましょう。各タスクの頭に□（チェックボックス）を書いておけば、実行時のチェックリストとしても機能します。

このあとのPDCAの回し方は、デイリーPDCAノートと同じです。

「D　実行・実績」フレームには、結果と実績を書いていきます。スケジュールのズレや問題点が出てきたら、それも書いていきます。

「C　評価・気づき」フレームには、自分視点で気づきや、うまくいかなかった原因、こうしたらよかった、などを書いていきます。

「A　改善策」では、課題解決のための行動や、何を変える、何をやめる、何かを始めるなどを書きましょう。次の計画・プロセスで改善するための具体的な行動に落とし込むことがポイントです。


プロジェクトPDCAノートの管理法についても少し触れたいと思います。

私がよくやるのは、プロジェクト単位でクリアフォルダに関連資料とこのプロジェクトPDCAノートを入れておき、随時アップデートしていく方法です。

Excelの進捗表や専用のガントチャートアプリなども色々と使ってはみたものの、正直、作業に時間がかかってとても面倒でした。個人の仕事で、進捗をチーム共有しておく必要もないのであれば、見た目をキレイに整える作業に、そこまで時間をかけるメリットはないと考えます。


紙に書いておくことの最大のメリットは、パッと見で全体の進捗がわかることです。

特にプロジェクトＰＤＣＡは何度も見返しますから、ノートという紙に残すことはとても理にかなっています。

プロジェクト終了後は、関連資料をスキャンして捨てても、このプロジェクトＰＤＣＡノートだけ残して過去事例集としてまとめておけば、新たなプロジェクトＰＤＣＡノートを書き始めるとき、雛形として使い回すことができます。

そこには前回の気づきから生まれた改善策が残っていますので、以前よりも成果につながりやすいＰＤＣＡが回せるのです。

「商談PDCAノート」の書き方

商談ノートでPDCAを回そう

これは先にご紹介したプロジェクトPDCAノートと組み合わせると最強です。

たとえば、A社に対する大型案件の契約獲得というプロジェクトPDCAノートが全体像を把握するためのノートだとしたら、商談PDCAノートは、A社との商談の都度、PDCAを回すためのノートという位置づけです。

大型プロジェクトでなくても、ルート営業であっても、取引先との取引継続・拡大に向けてPDCAを回していくためのノートとして活用できます。

それでは、「商談PDCAノート」の書き方をご紹介しましょう。

商談PDCAノート

<table>
<tr><td colspan="2">タイトル</td><td colspan="2" rowspan="2">1
2　　3ポイント
3</td></tr>
<tr><td colspan="2">ゴール：目的</td></tr>
<tr><td>計画
P</td><td>実績
D</td><td>気づき
C</td><td>改善策（行動）
A</td></tr>
<tr><td>プラン・プロセス

確認事項
商談の流れ</td><td>結果・実績

予定通り？
ずれ？

突発案件発生？</td><td>自分視点での
気づき

うまくいった、
いかなかった
原因？</td><td>課題解決の
ための行動

何を変える？
何をやめる？
何を始める？</td></tr>
</table>

〈書き方のポイント〉

❶ Pフレームに商談においてのプロセスを書いておく

❷ また、Pフレームに確認すべきことも書いておく

❸ Aまで書いたら、次回のPフレームに書き残しておく

基本形はプロジェクトＰＤＣＡノートのフレームですが、ここではＰのフレームを細かく分けてはいません。最初に、前ページの図のような形でノートに線を書いてください。その後の流れはプロジェクトＰＤＣＡノートと同じですが、違うのは「Ｐ」です。

「Ｐ　計画フレーム」はプランとプロセスを書く

商談ＰＤＣＡノートの「Ｐ　計画」フレームは「プラン（Plan）」と「プロセス（Process）」の両方のＰです。

まず「プラン」ですが、たとえば、あなたは商談で聞こうと思っていたことを、聞き忘れてしまった経験はないでしょうか？

上司から、「あれ、どうなった？」と聞かれて「あっ！」と思い出して、改めて確認することになって、相手に二度手間をとらせてしまったというような経験です。

「手帳にメモしたはずなのに、書き漏らしていた……」

「チェックリストをつくったのに、鞄の中に入れっぱなしで見てなかった……」

「商談時に別の話に夢中になってしまい、すっかり忘れてしまった……」

ということもあるかと思います。やらないといけなかったことを忘れた、できなかったということがあるなら、**商談PDCAノートの「P」のフレームに「今日の商談で必ず確認すること」を書いておきましょう**。

もうひとつの「プロセス」とは、今日の商談の提案の流れをキーポイントで書き出しておく。これがつまり、プロセスとしての「P」です。

たとえば、あなたが営業であれば、事前に商談の流れをシミュレーションするかと思います。行き当たりばったりで商談に臨むことはないでしょう。

内勤の方であれば、会議や打ち合わせだと考えてみてください。こんな流れで話をしようとか考えて臨みますよね。それをノートの「P」に書いておくのです。

私が商談や、コンサルティングのセッションに臨むときは、「前回の振り返り」から始まり、最後に「次回のアポ確認」まで書き出していきます。

商談の準備段階で、この両方の「P」を準備しておけば、あとはその流れに沿って確認しながら、商談を進めていけばいいので、商談そのものに集中できるのです。

その積み重ねは、やがて商談の流れそのものをフレーム化することにもなります。

このあとのＰＤＣＡの回し方は、デイリーＰＤＣＡノート、プロジェクトＰＤＣＡノートなどと同じですが、商談ＰＤＣＡノートが特に効果を発揮するのが、今回の「Ａ」から次回の「Ｐ」への流れです。

今回の商談時の実績・事実を「Ｄ」に、得た気づきを「Ｃ」に、その対策を「Ａ」欄に書き込むだけでなく、先方からの新たなリクエストや持ち帰りの宿題を「Ａ」欄に記録するのです。

そして、次回の商談時に、その前回の「Ａ」を踏まえて「Ｐ」を準備していけば、確実にＰＤＣＡは回っていきます。前回の商談記録を振り返って、対応していけば「漏れ」がなくなるということです。

「前回はこういうことをお話ししました。課題は○○でしたよね？　今回はそれを踏まえて、△△についてご提案させていただきます」

といった流れで、相手も安心しながら商談を進めることができるはずです。

提案を受ける側になってみてください。商談していて一番がっかりするのはどんなときでしょうか？

私は、相手の営業マンが、前回の商談時に約束したことや、リクエストしたことに対して、なんらレスポンスがない場合にがっかりします。できないならできないというレスポンスが欲しいのです。逆に、その点を踏まえて提案してくる営業マンは頼もしいなと感じます。

ささいなことで取りこぼして点数を落とすことなく、フレームの力を使って確実に点数を積み上げていく。

そんな仕組みをあなたの商談ノートに取り入れてみてください。

この商談ＰＤＣＡノートは、できれば取引先ごとに、それが難しければ重要な取引先だけでも、一冊の見開きノートを用意して取り組んでみるといいでしょう。

商談ＰＤＣＡノートを使えば、そのノートを1ページめくるたびにＰＤＣＡが回っていき、その取引先との関係が深まっていくことを実感できるはずです。

そして、あなたが実行してきた事実がそこにはっきりと残りますから、それはいわば「あなたの営業の虎の巻」そのものになります。

今日から、あなたと取引先の歴史を積み重ねる商談ＰＤＣＡノートを、ぜひ始めてみてください。

PDCAは毎日回せ

PDCAを高速で回して試行錯誤を繰り返す

あなたが日ごろ行っているPDCAを回すスパンは、どの程度でしょうか。週に1回でしょうか、月に1回でしょうか。
人やその組織によって様々でしょう。多くの会社では、少なくとも毎月の会議で売り上げや行動の進捗報告をしているはずです。

「先月の売り上げは○○でした。目標に届かなかった原因は、△△だと考えられます。その反省を踏まえ、今月は××に力を入れていきたいと思います」

こういった会議での報告で、PDCAを回すことになっているかと思います。

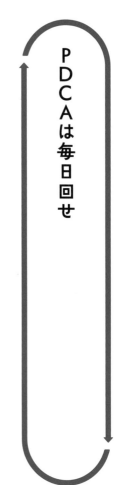

当たり前のようなこの振り返りの流れには、実は問題が潜んでいます。

ＰＤＣＡは回すことも大切ですが、どのくらいのスピードで回すのかが非常に重要になります。

たとえば、先ほどの会議でいえば、月例の会議報告だけのタイミングの場合、ＰＤＣＡを回すのは、月１回、ということは年に12回になります。

これが毎週のミーティングで進捗確認するようになれば、年間だと52回ＰＤＣＡを回すことになります。当然、毎日なら３６５回ですよね。

12回と52回と３６５回、回すならどちらがいいと思いますか？

回すのは少ないほうがいいでしょうか？　それとも、多いほうがいいでしょうか？

当然、その答えは「多いほうがいい」。

年に12回しかＰＤＣＡを回さいということは、実行したものを振り返って軌道修正できるタイミングも12回しかない、ということです。

グラフでそのことを見てみましょう。その１回が間違った方向に進んでいた場合、そのズレは１÷12＝８・３％もズレてしまいます。

同様に週1回、年に52回なら、1回のズレは1÷52＝1・9％のズレ。同様に毎日、年365回なら、1回のズレは1÷365＝0・3％のズレとなります。

軌道修正できるタイミングが少なければ少ないほど、その比率が大きいということは、ズレたときに、もとに戻す労力がそれだけ大きくなるということです。

月1回の振り返りと、毎週1回の振り返りの差を計算すると、

（月1回）÷（週1回）

8・3％÷1・9％＝約4倍

月1回しか振り返らないなら、週1回の振り返りより、そのズレを修正する労力は約4倍も必要になります。

（週1回）÷（毎日）

1・9％÷0・3％＝約7倍

PDCAの修正回数とズレの大きさ

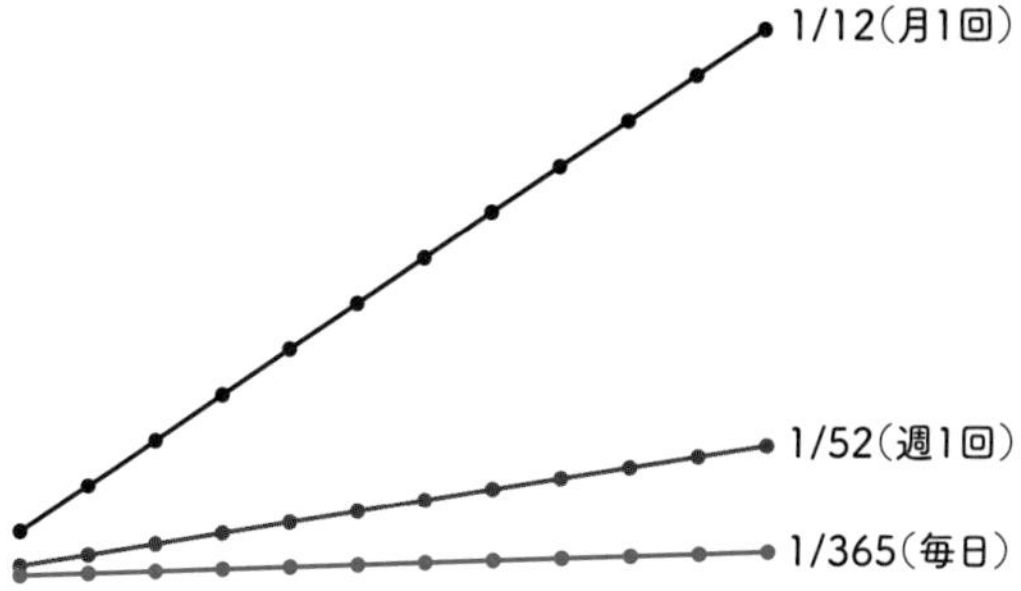

PDCAを回す回数が多いほど、
修正の労力がかからない

週1回の振り返りは、毎日振り返るより、そのズレを修正する労力は約7倍も必要になります。12回と52回と365回では、**サイクルを回す回数が多いほど目標に近づくための軌道修正の労力が少なくて済む**のです。

チームとしての会議を毎日回すというのは非現実的ですし、会議を多くしましょうと言っているのではありません。

チームのPDCAを回すタイミングだけで安心するのではなく、日々の活動という一番鮮度が高いタイミングで、あなた個人がPDCAを回して、日々成長していくことができれば、あなたが抜きん出た存在になっていく可能性は高くなるのです。

「今日一日何をやったか」が、あなたの未来を決定する

軌道修正するタイミングが多ければ多いほど、つまりPDCAを高速で回せば回すほど、目標達成に近づきやすくなるということを先ほどお伝えしました。

もちろん、業種や職種によってビジネスでやっているスピード感は違いますよね。小売業や飲食業では毎日の売り上げが勝負で、それこそ時間単位でPDCAを回すようなスピード感です。建設業などでは、数年単位のプロジェクトを実現するために、それこそ数年かけて回していくこともあるでしょう。

回すスピードや期間は、仕事の内容によって当然、様々です。

ただ、ひとつ言えることは、すべての成果は「今日何をやったか」の積み上げの結果でしかない、ということです。

それはどんな仕事であれ、何であれ違いはありません。

計画を立てた。それをいつやるかという予定に落とす。それが今日だった。その結果を踏まえて、次の手を打つ・改善する。

この試行錯誤のプロセスこそが成功への道なのです。

そんな「今日やったこと」をいつ振り返るのか?

もちろん「今日」でしょう!


「鉄は熱いうちに打て」とも言います。

振り返るタイミング、評価のタイミングを逃してしまえば、その日覚えていた課題や気づきは、失われていきます。

「エビングハウスの忘却曲線」はご存じですよね?

ドイツの心理学者であったヘルマン・エビングハウスは、人が意味も関連性もないアルファベットの羅列を、ひたすら覚えたあと、どのくらいのスピードで忘れてしまうのか、という実験をしました。

それによると、人は一日経つと74%を忘れるそうです。

あらゆることは脳には記録されません。今日覚えたこと、見たこと、聞いたことの半分以上は明日になったら忘れているのです。

実際、昨日食べたものさえも、「昨日、何食べた?」と聞かれたら、ほとんどの人はすぐには思い出せないはずです。

それを防ぐ手立ては、「今日のうちに振り返ること」です。「今日やったこと」は今日振り返らなければ、次につなげられません。

ビジネスの現場では当たり前のようにやっていますよね。日報を書くことだったり、上司への報連相だったり、営業支援システムへのデータ入力だったり……。

でも、日報を書いて終わり、報連相をして終わり、データ入力をして終わり、なんてことになっているのではないでしょうか。


ちゃんと振り返りましょう。PDCAを回す仕組みを手にしましょう。

そして、PDCAを回すなら、12回より52回、52回より365回のほうがいいのです。PDCAの回数が増えれば、サイクルの速度は上がります。

すなわち、高速でPDCAを回していくこと、つまり試行錯誤の回数が多くなるようにすれば、成長速度が上がるので、自ずと結果が出やすくなるのです。

第4章

PDCAノートを高速で確実に回す方法

すべての始まりは、「G」というフレーム

「P　計画」の前にやるべきこと

基本は縦に3本線を引いて4分割したら、左から順にP↓D↓C↓Aと書き進めていきますが、「デイリーPDCAノート」であれば、今日の計画を立てる前に、今日のゴールやテーマを決めましょう。

今日は何を成し遂げたら最高の一日になるのか。

「P　計画」の前の1行目に今日のゴールやテーマを明確にしておきましょう。

「P　計画」を立てる前に、自らに問いかけてみてください。

「そもそも何のためにPDCAを回したいのか？」

これは前述した「G　ゴール」という目標です。闇雲にPDCAを回していくのでは、意味がありません。ゴール、目標が明確になっていなければ、PDCAで軌道修正することはできません。

どれだけPDCAを回し、上昇のスパイラルを描いたとしても、そもそもの自分が進むべき方向が決まっていなければ、最終的には何のためにやっているのかわからなくなるでしょう。

あなたはゴールである目標を、明確に描けていますか？

まずは、計画の前の1行目にゴールを明確に書きましょう。

たとえば、「上司に認められるくらいの結果を出す」「一流の人間になる」などという目標は、具体的ではないので、達成するのが難しくなります。

大事なのは、**具体的で、かつ目標を達成したことがわかる目標にすること**です。

数字や数値化できる目標、自分の行動でコントロールできるものにしましょう。

「1カ月で、新規顧客100のアポイントを獲得する」
「コンサルティング契約を10件獲得するために、セミナーで100人集客する」
「3月までにTOEIC®900点を獲得する」
「7月までに10キロのダイエットをする」
「毎朝5時に起きて30分ランニングする」

など、数値化して具体的な目標にすることで、ゴールは簡単に明確になります。
また、数値化するほかにも、具体的な状態を目標に設定する方法もあります。

「家族との時間を大切にしたい。子どもとお風呂に入るため、18時には退社する」
「子どもの成長を見守りたいから、毎週土曜日は一緒に少年野球の練習に参加する」

どこにたどり着くのか明確になったら、そこに向かう道筋を決めましょう。それが本当の意味での計画になります。

「なぜか予定通りに仕事が進まない人」は何が間違っているのか？

突発の仕事がPDCAを狂わせる

一日の計画を立てて、それを完全にクリアすることが目的ではありません。小さな目標でも、小さな計画でも、「なぜかいつもうまくいかない」ということはありませんか？


「朝に立てた計画通りに進まない……」

「計画通りにできない自分が嫌になる……」

こういった経験は誰にでもあるでしょう。

朝立てた計画が仮にうまくいかなかったとしても、いちいち悩んだり、不安になったりする必要はありません。PDCAはそのためにある試行錯誤のフレームワークなので、PDCAノートを続けて、何度も改善に取り組めばいいだけです。

しかし、何度改善を行っても、計画通りに進まない人もいらっしゃるでしょう。その原因はいくつかあるかと思います。

私が相談を受けていて一番多い原因は、**「予定になかった突然の仕事」**です。

「上司からの呼び出しが何度もあって……」
「今日は急なミーティングがあったので……」
「急にクレーム対応をやらされて、すごく時間がかかってしまって……」
「急ぎの仕事を依頼されて……」

といった、突発的な仕事や予定が入り、それに忙殺されて予定外の時間をとられ、一日経ってしまったというのです。

これはやっかいな問題です。

仮に一日の時間の使い方を細かく記録したとしても、「『こんなことに時間使っているんだ』と気づく→やりたいことからやろうと思う→やれる」なんてことには、なかなかなりません。

この問題はフレームの問題です。

「急ぎの仕事なんだ、頼む！」と言われたら、すぐにやってしまうのも**「急ぎの仕事＝予定を崩してでもすぐやらなきゃいけない」**というフレームに動かされたことにほかなりません。

ですから、フレームの使い方を変えて、対応しましょう。

計画には必ずバッファを設ける

この問題を解決する方法は**「計画にバッファを設けておく」**ことです。

用意するのは、「時間」というフレームです。

仕事において突発事項が発生するのは、言ってみれば当たり前のこと。すべてが予定通りに進むということはありません。

よほどのルーチンワークでない限り、突発事項や問題に対応していくのもあなたの仕事です。しかし、目の前の問題をモグラ叩きのようにその都度対応してばかりでは、あなたの仕事での評価は上がりません。

会社に利益をもたらす本質的な仕事に時間を割く必要があるのです。

でもそれが、最終的に自分でやらなければいけない仕事になったら、その仕事に「1フレーム」を用意しましょう。

その1フレームのつくり方をお伝えします。

基本は、「始める時間」と「終わる時間」を決めるというものです。

学校の授業だって、終わりの時間は決まっていますよね。仕事も同じ。時間というフレームを用意して、その時間内で終わらせるのです。日本人は意外とこの、いつ始めて、いつ終わらせるか、の意識が低い人が多いと私は感じています。

欧米の企業は仕事が速いようなイメージがありますが、それはひとつに「夜は家族との時間」という文化ができているため、遅くまで残業することはありません。絶対に7時までに仕事を終わらせて帰る、という意識があるため、そのために時間を逆算して予定を立てるのが当たり前になっているようです。

仕事を予定通り終わらせるコツは、いつ始めて、いつ終わらせるか、を決めることです。60分と決めたら60分で終わらせるためにどうしたらいいかを考えて、実行していきます。

その2割を捨てなさい

ここで最も大切なことは、**本質的なこと以外に時間を割く必要はない**ということ。

そもそも100点満点の仕事なんてないのです。

学校のテストを考えてみましょう。いつも20点しか取れない人が70点を取るのは、一定の努力をすれば簡単にクリアできます。

しかし、いつも80点の人が100点を取るのは案外難しいものです。

なぜなら、いつも20点しか取れない人は、勉強していないから20点なのです。勉強さえすれば、学校の授業で習っているテストですから、70点を取ることはそう難しくないはずです。

しかし、80点の人は普段から勉強しているのに、残り20点が取れていません。一見、わずか20点ですが、それは応用問題やひっかけ問題など、難易度の高い問題で、これまでと同じような労力をかけて勉強しただけでは、なかなか点数が取れないのが残り20点なのです。


あなたもそんな学生時代の経験はないでしょうか？

試験問題であれば１００点を目指すのも悪くありません。でも合格点が１００点ということはありません。資格試験でも合格ラインは70～80点というケースが多いはずです。

ましてや、**仕事においては本質的なことを押さえていれば、70～80点点で進めたほうがいい**。残り20～30点取るためにかける時間と労力があれば、試行錯誤したあとでやればいい、ということです。


たとえば、あなたがＰＯＳデータから購買傾向分析をしているとします。上司や同僚に伝えなければいけないポイントさえ押さえていれば、図表やレイアウトをきれいに整えようとする作業は意味がありません。

読む人が知りたいポイントを押さえた時点で、8割できたようなものです。

残り2割はレイアウトや見栄えの問題です。この残り2割は捨てて、さっさと提出するのです。そして、「これ、レイアウト整えてくれる？」というリクエストが出たらはじめて、レイアウトを整える対応をすればいいだけです。


もちろん、最初は時間の見積もりが甘くなり、時間をオーバーするでしょう。

私の経験則では、だいたい計画した時間から30〜40％オーバーします。60分で終わると見積もった仕事は、実際は80〜90分かかってしまうことになります。

これもノートに実績を残したからこそわかることです。


ここで、重要な考え方が、**バッファを持つ**ということです。

つまり、はみ出した時間を吸収する緩衝《かんしょう》の時間を予め予定しておくのです。

そうでなくても突発的な仕事、時間が押した会議などによって、あなたの時間はどんどん侵食されます。

バッファを予定しておくことで、不測の事態に備えることができます。

スケジュールをプロジェクトメンバーや同僚と共有しているので、予備時間なんて入れづらいという方もいるかと思います。

ならば、その予定は、ダミーの予定を入れておいてブロックしましょう。

「会議プレゼン準備」

「プロジェクト市場調査」

「X社訪問資料作成」

などといった自分アポを入れておくのです。

理想は、午前と午後にそれぞれ1時間程度のバッファを用意しておくといいでしょう。

あるいは、曜日単位で考えるのもオススメです。月曜日と金曜日には「訪問」「来訪」のアポは入れないといった、自分のフレームを用意しておきましょう。

記憶に頼るな、記録に残せ

行動した事実を残す

ＰＤＣＡで一番大事なのは「Ｄ　実行・実績」だと前述しました。繰り返しになりますが、実行・実績が、目に見える形で残っていることは、「現状把握ができる」ということです。計画と実際のギャップが見えるから、気づきもあるし、改善策を打つことにつながります。

そしてそこに記録された実績が、ぼんやりとした事実ではなく、よりくっきりとした解像度の高い事実であればあるほど、そこからの気づきもより精度の高いものになります。

そこで大事なのが**「どんな事実を書き残すか」**です。

それは、固有名詞や数詞で表されるものです。

自分視点の言葉が入っていれば、それは事実を記しているのではなく、あなたの解釈になっています。解釈は「C　気づき」の欄に記入しましょう。

「D　実行・実績」のフレームに書くのは、ただの事実でなければいけません。

デイリーPDCAノートであれば、一番わかりやすいのは時間です。

予定では60分かかると見ていたタスクが、90分かかったのであれば、「90分かかった」もしくは「+30分かかった」など、淡々と事実を書いていきます。そのタスクの内訳を記入しておくのもいいでしょう。

プロジェクトPDCAノートであれば、プロセスごとのタスクの進捗具合や時間です。予定していたタスクが予定通りだったのか、漏れていたものがあったのか、不要なものがあったのか、それぞれの時間はおおよそどれくらいかかったのか、という事実を残します。

時間の記録にはアプリを使ったりする手もありますが、わざわざそんなことをしなくても大丈夫です。ひとつの仕事の区切りごとに時間を見ていけば、おおよそのかかった時間はわかりますからね。

PDCAノートを続ける技術

「書けない」はなぜ起こるのか？

ときどき、「PDCAノートをやめてしまった」という人がいます。

「やったことや、時間を正確に記録できなくなって、ノートが空白だらけになって、やる気をなくしてしまうんです」

「すぐ書くのを忘れてしまったり、PDCAノートを書くのが面倒になったりして、書けなくなるんです」

といった話も聞きます。

しかし、そういった人はＰＤＣＡノートを難しく考えすぎています。

前述の通り、ＰＤＣＡノートは、正確に書くことが目的ではありませんし、一日のすべての仕事を記録する必要もありません。

そもそも、立てた計画を１００％こなすためにノートを書いているわけではありません。目標や計画はあくまでも予想であり、仮説です。

「予定は未定」という言葉を耳にしたことがあるでしょうか。

これは、**「予定は未定にして決定にあらず」**という意味です。予め定めただけであり、ズレたり変わったりするのは当たり前。計画と実績は違っていいのです。

それなのに、ノートに縛られて、凹んだり、自分はダメだと思い込んだり、動けなくなったりするのでは、本末転倒です。

ＰＤＣＡノートが書けなくなる人は、計画通りに事が進まなかったことを「失敗」と捉えているのです。

逆に、ＰＤＣＡノートを書き続けられる人は、計画通りに事が進まなかったことを

「気づきと改善策が生まれるチャンス」として捉えています。

ＰＤＣＡを回している限り、本来的な意味での失敗はなく、すべて成長するための「チャンス」なのです。


実際、これまで具体的な予定や記録すらしていなかったことから考えると、ズレたことさえ認識できなかったでしょう。ズレが発生したことに気づいただけでも、もうそれだけで、あなたは成長し、進化するチャンスを手にしているのです。

計画通りにいかなくても、現在の気づきには成長するチャンスがたくさん潜んでいます。


そして、あなたが「成長したな！」と思えるにはどうすればいいか。

それは、**成長する前の自分と、成長した今の自分のギャップを認識できるかどうか**にかかっています。

すでに成長してしまった自分にとっては、今のステージが当たり前になってしまっていますが、以前の自分から見れば成長しているわけです。赤ん坊のときの自分と、今の自分は明らかに今の自分が成長していると実感できるはずです。歩けるし、話ができるし、トイレにも行ける。

それは「0から1」というわかりやすい、目に見える変化があるからです。

でも1から1・1に成長したというのは目に見えづらい変化です。大人の仕事での成長というのはそんな0・1の積み重ねなのです。

その目に見えづらい変化や成長を認識するには、**日々ノートに、できたという事実、気づきを得たこと・学んだことを書き残すことで、その数が成長した数だと認識することができる**のです。

そんな気づきを得るために事実を淡々と記録していく、そこに自分の成長を見ていくことができる。そういった視点を持ってみるといいでしょう。

できない理由を捨てて、どうしたらできるかを考えよう

今日一日を最高の日にするために、自分の価値を上げたり、成果につなげたりする仕事だけにフォーカスしていきましょう。

そこに最優先で取り組むためのフレームはノートに用意されています。

何かいいやり方がないかなぁと思ってやってみたり、少しやってみただけですぐにやめたり、できない理由を挙げたりしたところで、仕事で結果が出ることはありませんし、成長もしません。

できない理由を考えるのではなく、

「どうしたらできるか？」

「何からならできるか？」

そんなことから始めてみればいいのです。

毎日書けなくてもいいのです。新しいことを始めるのに、いきなりできるようにはなりません。何度もノートに向かってみてください。

繰り返すからこそPDCAの精度が上がっていくのであり、フレームがあるから、いちいち悩まず書いていくだけでいいのです。

自分が楽になるために、やりたいことを実現するために書く、そういう気持ちになってから始めてみてください。

やるも、やらないも選択するのはあなたなのですから。

指標を明確にする

指標は明確か?

PとDのギャップを知り、現状を把握し、そこから「C　気づき」を見つけることはここまでに何度も述べてきた通りです。

ここで大事なのは**「指標」を明確にすること**です。

「C　評価・気づき」の指標を明確にしておくことで、迷いなくチェックのプロセスに進めます。

実行したものを漠然とチェックするのではありません。

出てきた数字は文字通り「結果・成果」です。見るべきは、当初計画していたことに対して達成したかどうか？　という結果とギャップです。

それと、途中のプロセスでの活動内容はどうだったか？

これはビジネスの世界では「ＫＰＩ」(Key Performance Indicator) という表現を使います。重要活動指標と言われるものです。

営業であれば、訪問回数や提案回数、それにかけた時間といったものがあります。

ウェブページであれば、ページ閲覧数や購入までのＣＶＲ（コンバージョンレート＝成約率・購入率）があります。

売り上げといった最終的な「結果・成果」を得るために、実行する重要な活動指標がどうだったか？　ということです。

こうやって何をチェックすればいいのか最初から設定しておくことで、行動も明確になるし、チェックもブレずにできるのです。

たとえば、新規顧客の契約獲得が月間10件という目標を掲げたとします。

このときに追いかける指標は、契約件数ではありません。契約につながる「活動」のうち、最重要で押さえておく必要があるものです。それは、訪問件数、電話件数、セミナー集客人数、ＤＭ発送枚数といったものが挙げられるでしょう。

ここでは仮に、訪問件数が最重要活動指標だという会社の場合で考えてみましょう。

10件の契約獲得に必要な訪問件数が、仮に１００件だということがこれまでの活動経験でわかっているとします。10分の１の確率で契約できるわけです。

月間の営業日が20日であれば、一日あたりの最低訪問件数は5件になります。

つまり、今日の活動目標は「5件訪問」とセットし、活動の結果、実績が訪問４件、契約0件だとします。

では何を振り返るか。

もちろん個々の訪問で契約が取れなかった振り返りも必要ですが、そもそも「訪問件数が1件足りなかったのはなぜか？」という気づきが欠かせません。

なぜならこの会社の場合、１００件訪問することで10件の契約が獲得できるのですから、活動量が足りないということは致命的です。

そもそも5件のアポが取れていたのか？

訪問した4件で過ごした時間が予定より長かったのか？

そうだとすればその原因が何だったのか？

といった点について、「C　気づき」を書き込むのです。

ちなみに、このケースだと、断られることの多さに嫌気がさして、足が動かなくてサボってしまった……などという自分の感情の気づきを得るかもしれません。

何せ、10件の契約を取るために90件も断られるわけです。でもこれは視点を変えると、90件に断られれば、10件の契約が取れるとも考えることができます。

だとすると、目標の設定の仕方を「5件訪問」ではなく、「4件に断られること」、と設定することもできるわけです。

「よし！　また断られたぞ！」と断られる数をこなすことが契約に結びつく可能性を高めている、というわけです。

目標達成の精度を高めるために、ときには失敗すること自体を目標にするような視点も有効です。うまくいったのなら、うまくいった要因について再現性を持たせるようにしていけばいいし、うまくいかなかったなら、次にどうつなげるか打ち手を考えて改善していけばいいのです。

PDCAの情報ストックは、ノートに残す

気づきや改善策は、結局タスクにならなかった「アイデア止まり」のものもあるかもしれません。

それは、そのままノートに残しておきましょう。

PDCAノートは書いて終わりではありません。書くこと自体に意味があるのはもちろん、書いたあとも使えるのがPDCAノートのメリットです。ノートを見返すことで、新しい「気づき」が生まれるのです。

ノートには、毎日回しているときは気づかなかった重要なことが残っています。情報は時間を置くことで、変質します。つまり、時間が経ってから見返すと、気づかなかった情報が手に入るのです。

気づいた方もいるかもしれませんが、実はこれもPDCAです。

ですから、アイデアレベルでの気づきや改善策も、スペースが許せば書き残しておきましょう。

ちなみに、Evernote《エバーノート》などの情報をストックするアプリを活用する方法もあります。あなたがこれらを普段から使っており、その使用頻度が高いなら、アイデアレベルの気づきや改善策を、情報ストックする場所として残しておくのもいいでしょう。ただし、最初からアプリを使って情報をストックする習慣がないのなら、アプリを使って無理にストックする必要はありません。

私自身はEvernoteを使っていますが、PDCAノートの気づきや改善策は、これにはストックしていません。

ある時期、私はノートに書いた気づきをスマホで撮影して、キーワードだけをタイトルにつけて、Evernoteに保存していました。その数は、数千ノートにもなっています。「こうしておけば、あとから見返せるし、検索もできる！」と思ったのです。

しかし実際には、ほとんど、いいえ一切、日の目を見ることはありませんでした。Evernoteは情報を保存することには適していますが、PDCAの振り返りのためには、少し不便だと感じています。

ですから、わざわざストックするという行為はオススメしません。

「A　改善策」のつくり方

❻改善策を行動に変える方法

次に、計画（P）と実績（D）とのギャップを埋めるために、どうするかについて解説します。

Aが改善内容として適切だとしたら、ここでのポイントはひとつだけです。それは、

「その行動をしているあなたが見えるかどうか」

です。PDCAサイクルが行き詰まってしまうパターンで多いのは、この「A　改

善策」が実行できない、というものが多いのです。

これはＰＤＣＡの改善策を実行するだけに限らず、あらゆる「行動」において、共通して必要な問いかけです。

そのタスクを見て・聞いて、映画のワンシーンのようにありありとそのことを実行している自分がイメージできるのであれば、その行動は実行できます。しかし、それがイメージできないなら、まず間違いなく実行できません。

たとえば「企画する」という言葉を、あなたは普段、何気なく使っているかもしれません。

この言葉を聞いて、あなたは何をイメージしましたか？

そのイメージの中で、あなたはどんな行動をしていますか？

ちなみに、以前の私はいわゆる「企画系」の職種に就いていましたが、何も浮かびませんでした。「企画」って何でしょうね？

あなたも同じではないでしょうか。手帳に「〇〇について企画する」などという予定が組まれていたら、実行するのはかなり怪しいと思われます。

なぜなら、**具体的に何をするかが見えないから**です。

「言葉」を分解する

何をすれば「企画」したとなるのでしょうか？

そのタスクのゴールは何なのでしょう？


たとえば、A4一枚に企画書としてまとめて上司に提出する、でしょうか。

それとも、次の社内会議でプレゼンして上司から合意をとる、でしょうか。

それとも、A社の担当者にあたりをつけるために話を聞きに行く、かもしれません。やることが大きすぎて行動がイメージできないものは、**プロジェクトとして、やることを「行動」レベルまで分解する**必要があります。


同様に、「意識する」「徹底する」という言葉も危険です。

あなたはこれらの言葉を、当たり前のように使っているのではないでしょうか？

これらの言葉について、具体的に行動しているイメージが浮かびますか？　きっと見えないでしょう。具体的な行動が見えないこと、イメージできないことを実行するというのは、非常に難しいことです。こういった言葉は、仕事のできない上司が部下に使いがちです。

「最近売り上げが上がらないのは、意識がたるんでいるからだ！　クレドをちゃんと意識しているか？　クレドを意識することを徹底してくれ！」

クレドとは、会社の経営理念や信条のことです。高級ホテルチェーンのリッツ・カールトンや医療品大手メーカーの米ジョンソン＆ジョンソンなどが有名です。クレド自体は重要ですが、「意識しろ」とか「徹底しろ」とか言われても、具体的にどうすればいいかわかりませんよね。

話を聞いている部下も、手帳に「クレドを意識」とメモしながら、「ふむふむ」と納得しているように見えて、お互いがイメージしていることが違いますし、具体的にやることも共有できていませんから、何も変わらないでしょう。

人は具体的な行動が見える言葉を使った予定に落とし込むことで、実際に行動できますし、上司と部下であればこうした行き違いは解消できます。

行動に落とし込むには、たとえば次のように言葉を分解する必要があります。

▼「意識する」

・先月の活動内容から見えた課題は、クレド（会社の経営理念・信条）から逸脱した行動が原因となっていた

・クレドを普段意識する場がなかったので、毎朝8時半からの朝礼の際に、クレドを全員で声に出して唱和する

・直行する者は移動中にクレドに目を通し、実施したことをスマホから上司にメールで報告する

▼「徹底する」

・毎日の日報提出の際に、今日の営業中に起こったことをクレドの内容に沿って

どう対応したのか、具体的な取り組みとして報告してもらう
・うまくいかなかったことについては、今後どう対応していくのか、クレドの内容に沿った改善策を報告してもらう
・上司は朝礼の際に、各人からの報告から1件リストアップして、その実践内容をチーム全員で共有する

このように具体的行動に落とし込まれていれば、何をやるべきかがイメージできるはずです。

「毎朝唱和するんだな」

「直行するときは目を通せばいいんだな」

「日報にはクレドに沿った行動を書けばいいんだな」

と、頭の中でやることがイメージできます。「見えない言葉」を「見える言葉」に変換するのは面倒な作業かもしれません。普段から当たり前に使っているので、見えないと気づくこと自体ができない場合もあるでしょうが、行動するためには絶対に欠かせない重要なポイントです。

ＰＤＣＡノートを書いていく際も、ノートに書いたその言葉が映像として頭に浮かぶか、を自分に問いかけてみてください。

「企画する」「意識する」「徹底する」と書くのは楽ですが、それでは行動できません。**いくら気づきや改善策を書いたとしても、そこから具体的な改善行動につながらなければ、ノートに書いても何の意味もありません。**

言葉を分解し、具体的にどう行動するか、まで落とし込みましょう。

この努力を惜しまないことが、あなたの次の行動につながり、成果に近づくのです。

やることを増やしすぎない

タスクは置き換えられる

ＰＤＣＡを高速で回す上で重要なのは、「やることを増やそうとしない」ことです。

気づきから生まれた「Ａ　改善策」は、案外たくさん出てきます。いくつもの改善策の中から何をするかを選ぶのですが、ＰＤＣＡを回し続けていくと、改善策だらけになってくる人がいます。

そうなると、すべてを実行に移すことができなくなります。それでも、あれもこれもとやろうとするとどうなるか？

当然、次の計画は破綻し、仕事も回らなくなります。

たとえば、デイリーPDCAノートを書いていて、「計画通りに売り上げが上がっていない」と気づいたとします。

改善策として「マーケティング調査に時間をかける」という案が出てきた。しかし、実行してみたものの効果がなく、次の改善策「販促施策Aを行う」を実行してみる。しかし、これも効果が出ない。次に「販促施策B」を試してみる……。

こうやって、どんどんやることを増やしてしまうと、ますます仕事が回らなくなる可能性があります。

何でもかんでもやるのではなく、**「ボトルネックを解消するのはこれだ!」と、選択する**ことが大切です。

ひとつを選択する方法として、まず考えるべきは**「置き換え」**です。

やるべきタスクを増やしていくのではなく、やるべきことを選択したら、これまでやっていた改善策やタスクをやめてみるのです。

これによってタスクの数自体は、プラスマイナスゼロになります。また、置き換えることで、何をやったから成果が出たのかが明確になります。

先の例のような場合、あらゆる販促施策はどれによって効果が出ているのか一瞥しただけではわかりにくい。置き換えを行うと、どの施策がもっとも効果が出ているのかがわかりやすいはずです。

もちろん、やるべきタスクを複数同時に行うこと自体は問題ありません。むしろ同時にいくつものことをうまく行えるならやったほうがいいでしょう。

しかし、タスクが増えすぎて、仕事が回らなくなるような場合であれば、「置き換え」は試してみるべき選択肢のひとつです。

行動がひとつ増えたら、ひとつ減らす。シンプルです。

そしてもうひとつ、考えたいのは「やめる」という選択です。

そもそも、「その行動は必要ない」という可能性があります。誰も見ていないレポートや報告書、やめることで楽になることが日々の行動には潜んでいるかもしれません。

PDCAの本質は試行錯誤しながら、無駄や課題を改善していくことです。無駄を削り、シンプルにする。誰かほかの人に任せる。自動化できるならする、という選択もあります。これについては次章で詳述します。

時間が足りない！

ＰＤＣＡを回していると、打ち手・改善策のアイデアがたくさん出てきます。それを、手当たり次第にやろうとすると、いずれ「時間が足りない！」という状態に行き着くことになります。

ここで、そもそもの原点に立ち戻ってください。多くのことをやろうとするのではなく、あなたが実現したい目標を実現するために時間を使うのです。

時間に使われるようになっては本末転倒。

「成果を出すために行った努力が少なければ少ないほど、よい仕事をしたことになる」

これはピーター・ドラッカーが『プロフェッショナルの条件』（ダイヤモンド社）の中で伝えていることです。

あれもこれも手を出すことは得策ではありません。

ビジネスにおいて「選択と集中」はもはや常識です。自分が得意なことだけに経営資源を集中的に投下して、その分野でナンバーワンを目指す戦略を指します。

これは人生においても、あなたの仕事のやり方においても有効なものです。

PDCAノートを始めてみて、PDCAを高速で回転させていくと、溢れんばかりに湧いてくる気づきや改善点が見えてきます。それに押しつぶされそうになったり、全部何とかしなければと思ったりする必要はないのです。

そんなことをしていれば、時間が足りなくなるのも当然です。

思い出してください。

あなたのゴール、目標は何でしょうか？

それに到達するための改善点を考えてみてください。些末《さまつ》なことばかりにとらわれて、改善していくのが人生ではありません。

もちろん、改善できるものは改善していくべきでしょう。しかし、もしも改善点がありすぎて、あれもこれもやろうとしてしまい、それに押しつぶされそうになったら、一度立ち止まって考えてみてください。

「そもそも、今、本当に改善すべきことは何だろうか?」
「そもそも、選択と集中すべき改善点は何だろうか?」
「そもそも、私のゴールは何だったか?」

この3つの質問を自分にぶつけてみましょう。

きっと答えは見えてきます。

答えがわかれば、やれることに絞って、全力を投じてみてください。

頭に汗をかいて努力して、レバレッジを効かせることが、業務効率化する上で大切な視点なのだということを覚えておきましょう。

第5章

PDCAを習慣化する方法

ノートを書く習慣をつける

ノートを書くフレームをつくれば、習慣に変わる

人はフレームがなければ、何もしないというフレームに縛られます。

「時間があったらあれをしよう！」と思っていても実際には、時間があるという状態が実現することはありません。

たとえば、たまたま時間ができたら、何もせずにネットサーフィンして時間が過ぎ去ってしまっていたとか、「帰ったらあれをしよう」と考えていたけど、お風呂に入ったらすっかり忘れてしまって、気がつくとテレビを見ていて2時間経っていたといった感じで、予定を具体的に入れて見える状態にしていないと「何もしない」という

選択をしてしまいます。

積極的でなく消極的な選択といえるフレームに縛られています。

そんな消極的な選択に陥るのではなく、やりたいことをやる、つまり積極的選択ができるようになるためのフレームが「予定を入れる」ことです。

本書では、ノートを使ってＰＤＣＡのフレームを用意すれば、ＰＤＣＡが回せることをお伝えしてきました。

ただそれは、ＰＤＣＡを回すことが目的ではありません。

あなたが、あなたの価値を上げることに取り組み、試行錯誤し、成果を手にするためです。

そのためにノートを使うことを、習慣化していきましょう。

朝の5分間で、その日一日の過ごし方を決める

朝5分間で一日のPDCAノートをつくろう

あなたの一日の仕事は、何をして始まりますか？
メールチェックでしょうか？　それとも朝礼でしょうか？

明日から、朝一番の5分間はPDCAノートのために時間をつくってください。PDCAノートの基本は毎日回すことです。これを習慣化するために、朝5分のフレームを用意してほしいのです。

朝の5分間を使って、PDCAノートのフレームと、その日の「P　計画」を書い

てみましょう。これを毎日のフレームにすることで、PDCAを回す仕組みと習慣がつくられていきます。


まずは、ノートを用意します。そして、今日のページを開いたら、4分割します。

そして1行目には、今日を最高の一日にするための目標やテーマを書きます。

一番左のP欄をさらに2分割します。

左側があなたの価値を上げることにつながる行動。

右側がそれ以外の行動です。

手帳から今日の予定を改めて転記しましょう（113ページ図参照）。

目標達成のPDCAノートで言えば、「P　計画」は左と右のどちらの時間が多いでしょうか。

理想は左側の「自分の価値を高める行動」に多く時間を割き、フォーカスすることです。それが難しければ、ひとつだけでもいいので「今日自分がやりたいことをやる！」と決めることが大切です。

朝の5分間で済むこの行動は、今日という自分の人生をデザインして過ごすという主体的な行動にほかなりません。

これが習慣化してくると、毎日やらないと気持ちが悪くなります。たとえるなら歯磨きをしなかった日のように、気持ちが悪く、落ち着かない感覚になってきます。

落ち着かないだけで済めばまだいいほうで、先ほどもお伝えした「何もしない」という消極的選択のフレームに陥ったり、自分で時間をコントロールしている感覚がなくなったりします。

ノートを書く環境を変えてみよう

環境を変えることも、オススメです。

環境は案外バカにできません。

あなたは、オフィスのデスク以外にお気に入りの場所はありますか？

会社員時代の私は、朝の出社前にお気に入りのカフェに行き、ひとりで朝活をしていました。そこで5分程度の時間を使って、サクッとPDCAノートを書き、そのあとブログやメルマガなどを書いてから出社する、といったリズムをつくっていました。

ひとり朝活でなくても、自分が声かけして仲間を巻き込んでもいいでしょう。また、オフィスであっても会議室やミーティングスペースをひとりで使って、ひとり会議するのもオススメです。

デスクにいると、すぐに誰かから声をかけられて自分の仕事に集中できないなどということがあるなら、避難場所を確保することも大事ですよ。

ラダー効果

レンガを積む職人の話

あなたは、「レンガを積む職人」の話を聞いたことがあるでしょうか。

上位の目的を示すことで同じ仕事でもモチベーションが大きく変わるというラダー効果という心理学の話です。

管理職の方ならマネジメント研修で学ばれて実践されているかもしれません。

大体こんな話です。


旅人がある村で工事現場に差し掛かった。そこでは4人の職人がレンガを積んでいたのだが、つまらなそうにレンガを積んでいる職人もいれば、実に楽しげにレンガを積んでいる職人もいる。興味を持った旅人は、その4人の職人ひとりずつに、こんな質問をしてみた。

「あなたは何をしているのですか？」

職人Aの答えは「見りゃわかるだろ？　レンガを積んでいるんだよ！」
職人Bの答えは「今は壁をつくっているところです」
職人Cの答えは「私たちは教会を建てているんです」
職人Dの答えは「私は人の心を癒やす空間を創っている最中です」

4人とも同じレンガを積んでいるのですが、その仕事に対する捉え方が違います。
職人Aは「レンガを積む」という作業レベルでしかこの仕事を見ていません。
職人Bは「壁をつくる」という課題レベルでこの仕事を見ています。
職人Cは「教会を建てる」という業務目的でこの仕事を捉えています。

職人Dは「人の心を癒やす空間を創る」という教会を建てる目的を仕事だと捉えています。

旅人が見たつまらなそうな職人とは、もちろん職人Aのことです。

目的がわからないから、やらされているとしか感じられていません。

実に楽しげに石を積んでいたのは職人CとDでしょう。

目的や目標が見えているから、そこに向かって時間を使うことができている、つまりモチベーションを高くすることができているのです。

ラダーとは、はしごという意味ですから、仕事の意義をひとつずつ上位の概念で捉え、はしごを登るように視点をより高くしていくことで、仕事のモチベーションを高く持つことができるようになります。

リーダーシップとして必要なことではありますが、リーダーから与えられなくても、自らがそんな視点を持ちさえすればいいだけのことです。

あなたがノートを書くのも、作業ではなく、目的と目標を明確にすることで、自分の価値を高めることにつながるのだと考えてみてください。

職人D

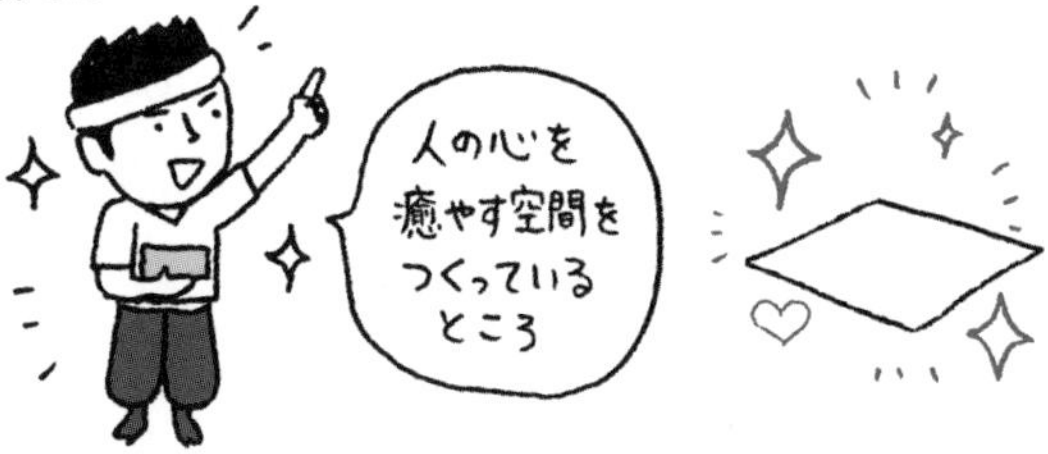

職人C

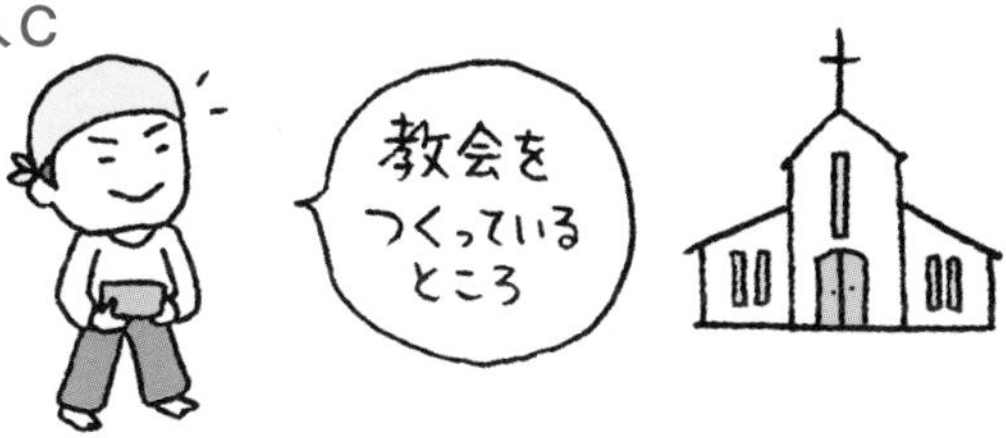

職人B

職人A

仕組み化とは自動化のことではない

「仕事を効率化するために仕組み化しよう」

こういった記事を目にしたり、話を聞いたりしたことはあるかもしれません。

多くの方は、仕組み化というとITシステムを導入してのIT化とか自動処理化のイメージをお持ちになるかもしれません。

ここでは**「仕事を一回限りで終わらせず、再現性を持たせることで、仕事を効率よく行うことができる仕組みづくり」**という意味で用います。

では、何を仕組み化するのか？

それは仕事の「進め方」です。

それは、フレームを用意するということにほかなりません。

ここまで紹介してきたPDCAノートもフレームです。

そしてPDCAを回していく中で、個々のプロセスにおいて私自身が実践してきた仕事の仕組み化のフレームを、これからいくつかご紹介します。

あなたが仕事を進める上で参考にしていただければ幸いです。

PDCAのゴールは何？　再現性のある仕組みづくり

PDCAを回すことのゴールは目標を達成することでしょうか。

確かに目標を達成することはひとつのゴールではありますが、もう一歩先を見据えたゴールを設定しましょう。

それは**ひとつの仕事の型をつくること**です。その型があればいつでも再現できるようにすることこそPDCAを回すことのゴールです。

プロジェクトPDCAノートをご紹介した第3章で、

「プロセスとタスクの組み合わせというフレームを用意する」

とお伝えしました。

このプロセスとタスクの組み合わせは、実は業務マニュアルそのもの。PDCAサイクルを回すことで、ひとつの業務マニュアルが出来上がるのです。

同じような仕事が発生したら、そのフレームに沿って仕事を再現できるから、業務も効率的に行えます。再現性があるということです。

さらに回せば回すほど改善点も出てくるでしょうから、さらに精度が高いものになっていきます。

わざわざマニュアル作成という時間をとることなく、仕事が発生した段階でPDCAというフレームで記録を残すことそのものがマニュアルになってしまうのです。休みを取得する際に仕事を依頼する引き継ぎにも使えますし、業務プロセスそのものが「見える化」しているから、異動による引き継ぎ業務も容易になります。

私は常々、

「自分をいつでもクビにできるか？」

という視点で仕事を考えています。

自分にしかできない仕事なんてありません。もしも、あなたがそう思っているなら、それは思い込みです。

いつまでもそのポジションにしがみつきたいなら、「この仕事は誰にも任せられない」「この仕事は俺にしかできない」といった考え方もあるかもしれませんが、次のポジションを狙いたいなら、いつまでも今のポジションにしがみついてはいけません。

自分がクビになっても業務が問題ない状態にできる、という安心感が欲しいなと私は考えています。

これは私自身が過去に何度か異動の打診があった際に、今抱えている仕事があってという理由で断ったことがあり、そのポジションについた同僚が先に昇進していったという苦い経験をしたことがあるからでもあります。

あなたは今のポジションの自分をクビにできる準備はできていますか？

ＰＤＣＡノートでその準備を始めましょう。

PDCAをさらに高速化させる「GTDメソッド」

仕事は入口でコントロールする

日々の仕事では、新しい仕事がどんどん発生します。

自分のやりたいことや課題をやろうにも、そうはうまくいきません。それを次から次に降って湧いてくる仕事や作業に愚直に対応していても、あなたが本当にやりたいこと、あなたの価値を高める仕事は実現できません。

PDCAを回す上で大切な仕事の進め方は、**「仕事は入口で制御する」**ことです。

「受けた仕事をどうすれば速く処理できるか」

「どうすれば効率的に進められるか」

と考えたときに、あなたは仕事の処理スピードを上げるノウハウを求めてしまっていませんか？

でも考えてください。そんな小手先のノウハウやテクニックを手に入れて、仮に速く処理できるようになってきたとしても、すぐに次の仕事が入ってくるはずです。

人より仕事が1時間早く終わる人、納期より先に仕事を終えられる人は、その空いた時間に次の仕事に追われるだけで、一向に楽になりません。

結局、仕事は入口で制御しない限り「終わらない」のです。

入口からどんどん仕事が入ってきている状態なら、効率化しようとしても限界があるということです。

では、仕事を入口で制御するにはどうすればいいのか？

ここはフレームワークの出番です。

GTDメソッド「Getting Things Done（仕事を成し遂げる）」を活用しましょう。

GTDとは個人用のワークフローであり、仕事の生産性を上げるタスク管理の手法です。アメリカの生産性コンサルタントとして知られるデビッド・アレン氏が発表した生産性を向上させるメソッドで、世界的にも有名なのでご存じの方もいるでしょう。

これからGTDをベースにした仕事の入口をコントロールする方法をご紹介していきます。ただし、本書はGTDを解説する本ではありませんので、GTDについて詳しく学びたい方は、彼の書籍『仕事を成し遂げる技術　ストレスなく生産性を発揮する方法』（はまの出版）などを読んでみてください。


私がこのGTDメソッドをオススメする理由は2つあります。

ひとつは、**入ってきたタスクに対してどう行動すればいいかが明確になること**。

もうひとつは、**入口が「そもそもやるべきことか？」の問いになっていること**です。

そもそも仕事を処理していく上で、最初にやるべきことは何でしょうか。

優先順位をつけること、全体を把握してタイムマネジメントをすること、とりあえず今できることから処理していくこと……いろんな答えが浮かぶかもしれません。

しかし、この従来の考え方は一度捨ててください。そうしなければ、ずっと仕事に追われる人生になってしまいます。「そもそも…」と考えることから始めましょう。

GTDメソッドの4ステップ

それではGTDメソッドの流れを見ていきましょう。基本的に次の4つのステップで、仕事の生産性を高めていきます。

ステップ1「やるべきか?」
ステップ2「複雑な内容か?」
ステップ3「2分で終わるか?」
ステップ4「自分でやるか?」

ひとつずつ見ていきましょう。

ステップ1「やるべきか？」

まずはステップ1です。

仕事を処理する上で、最初にやらなければいけないこと。

それは**「そもそもやるべきか、やらなくてもよいか」を決めること**です。

仕事はすべて自分ひとりでやるべきものだと、いったい誰が決めたのでしょうか。

指示されたり、依頼されたりした仕事であっても、あなたがすべてひとりでやらなければならないのでしょうか。そんなことはありませんよね？

「やらなくていいことがある」

そう気づくだけでも業務効率化につながります。

これがステップ1**「その仕事をやるのか、やらないのか」**です。

仕事を振られたり、新たに発生したりしたら、まずは自分に問いかけてください。

するとYESかNOの2択になります。

GTDメソッドの流れ

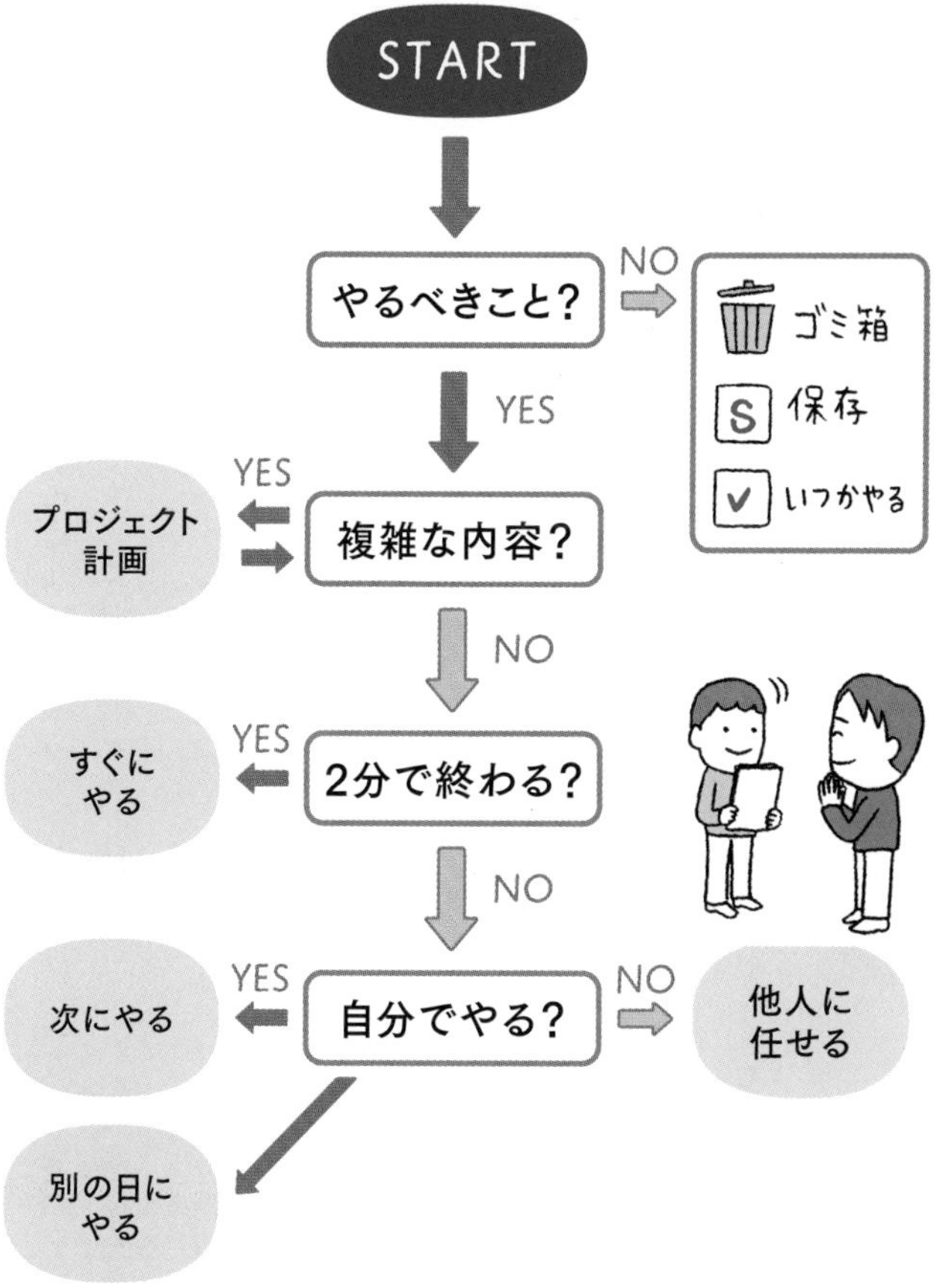
START
やるべきこと?
NO
ゴミ箱
保存
いつかやる
YES
複雑な内容?
YES
プロジェクト計画
NO
2分で終わる?
YES
すぐにやる
NO
自分でやる?
YES
次にやる
NO
他人に任せる
別の日にやる

答えがNOだった場合、つまり「やらない」「やらなくてもいい」だった場合、ステップ2には行かず、ここで終了です。その場合、タスクは次のいずれかになります。

▼「ゴミ箱行き」

「仕事で捨てるものってそもそも何?」と思うかもしれませんが、たとえばダイレクトメールが届いて、「そもそも私がこのメールを読む必要あるのか?」と自問するようなケースがこれに当たります。

新聞だってそうです。必ず読まなければいけないものでもありません。

このように、必要ないというタスクに関しては、やらないでタスク自体を捨てます。

▼「参考資料として保存」

たとえば、回覧文書や興味があってウェブサイトからダウンロードしたまま読んでいない記事。興味や関心はあるけれど、「今」自分がそれを処理する必要がないものといったケースです。ウェブやデータであれば、環境が許すならEvernoteなどのアプリが便利です。あちこちに保管せず一元管理するのが理想です。

▼「いつかやる」

イメージとしては、今すぐやることではない。さらに、具体的なスケジュールに入れるまでもない。でも興味や関心があっていずれやりたいこと。それらは、目の前にあると気になるので、目につかない場所に移動しておきます。

実際は「いつかやる」と言っても、その「いつか」が来ることはほとんどありません。時間が経過すると環境も状況も変わってしまい、必要がなくなることが多いからです。今「ピンとくること」にフォーカスしましょう。

捨てる　　保存　　いつかやる

「やめられない不要なタスク」のやめ方

そうは言っても、やめたいけどやめられないタスクもあるかもしれません。

あなたの職場にも、「やめられない」「やめる判断をしていない」という仕事があるのではないでしょうか。

始めた当初は必要だったけど、時間が経《た》つうちに意味がなくなっている仕事、利益や価値をもたらさなくなった仕事。それらを「やめられない」で続けているものはないでしょうか。

よくあるのが、新製品の販売レポートです。会議やミーティングで直接レポートしているならともかく、メールで配信しているようなパターンは、なんとなく続けているケースが多くなっています。

もはや新製品としての鮮度はなくなり、みんなの関心はとうの昔に過ぎてしまったにもかかわらず、担当者としてはみんなの活動のためになるなら、とやり続けている——そんなことがよくあります。

客観的になれば、やめても問題ないとわかるはずなのに、心情的にやめることが苦手なのが日本人。上司に配慮しすぎて、やめるにやめられないのかもしれません。

これらをやめるためには、どうすればいいでしょうか。

上司に負担をかけることなく、スマートにやめたいという場合、次の3つのフェーズに分けて段階的にやめることをオススメします。

▼フェーズ1　試しにやめてみる

試しにやめてみて反応を見ます。あなたはここまでにこの仕事はもう不要だという判断をしているので、この時点で反応があるとは考えづらいのですが、念には念を入れましょう。

▼フェーズ2　問題が起こらなかったという実績をつくる

誰からも問い合わせがない。何も問題はなく仕事は回っているという事実を手に入れましょう。毎週やっているような仕事なら、1カ月程度見守りましょう。

その間、ヒヤヒヤして、心配になるかもしれません。もし心配なら、作業そのものは続けておいて、保険をかけておくといいでしょう。

▼フェーズ3　やめる

フェーズ2をクリアすれば、もうやめても問題ありません。

「課長、この仕事ですが、この4週間問い合わせもなく、問題も起こっていませんので、やめても差し支えないですよね？」

上司もこんな事実を突きつけられると、「おお、わかった。了解」となるでしょう。でも、もしかすると「いや、たまに見たいんだよねー」なんて回答があるかもしれません。

そのときはすかさず、頻度を確認しましょう。

「たまに、ってことは月1ですか？　3カ月に1回ですか？」と。

毎週やっていたことが月1回で済むなら、75％の業務削減ですし、3カ月に1度なら92％の業務削減になります。

その時間をあなたの価値を高める仕事に充てていきましょう。

➔ ステップ2「複雑な内容か？」

話を戻しましょう。ステップ1「やるべきか？」がYESの場合、つまり「やる」「自分がやるべき」だった場合、ステップ2に進みます。

ステップ2は「『複雑な内容』かどうか見極める」です。

複雑とは、一回のアクションでタスクが完了せず、複数のプロセスとアクションが必要なものです。

たとえば、「イベント開催」という仕事であれば、まず企画書をつくる、必要資材を手配する、告知する、実際にイベントを開催する、撤収する……等の複数のタスクが必要です。こういったタスクで発生したこと、思いついたことを一つひとつ処理していては、イベント開催はままなりません。

これがYES、つまり「複雑な内容である」場合、「プロジェクト案件」にします。必要なプロセスとタスクを洗い出すためにプロジェクトノートを書く、といったタスクを予定に組み込みましょう。

ステップ2でNO、つまり「複雑な内容ではない」となれば、次のステップです。

ステップ3「2分で終わるか？」

ステップ3は、「『2分で終わるか』を見極める」です。

ここでは、複雑な内容ではないが時間のかかるタスクなのか、短時間で処理できるタスクなのかを判断します。

これがYESなら、すぐに取りかかります。

「電話をかける」「仕事を依頼する」「メールを1本書いて送る」といった作業レベルで終わることなら「YES」と判断できますから、すぐに終わらせましょう。2分という時間のフレームを使うことで、パパッと終わらせる習慣も身につきます。

これがNOであれば、次のステップに進みます。

ステップ4「自分でやるか？」

ステップ4は、「『自分でやるかどうか』を見極める」です。

自分でやるべきか、人に任せてしまうか、を判断します。

ステップ4まで進んできたということは、その仕事は**「やるべき仕事で、複雑な内容ではないが、2分で終わらないタスク」**です。

これがYESだった場合、つまり「自分でやるべき」と思えば、自分でやりましょう。

これがNOだった場合、つまり「自分がやるべきではない」もしくは「ほかの人に任せられる、任せたほうがいい」と思うのであれば、ほかの人に任せてしまいましょう。

この流れがGTDメソッドです。

大量の仕事を処理していく必要がある場合は、このメソッドを使って、仕事の入り口から制御し、処理していきましょう。これだけで仕事が楽になるはずです。

では、さらにここから、もう少し細かく見ていきましょう。

GTDメソッドの最後にやるべきこと

自分でやる場合

ステップ4まで進み、最終的に「YES＝これは自分でやる」となった。
そのとき、「すぐにやる」のはやめてください。
まず、「今やっている仕事を中断してまでやることなのか」を判断しましょう。
選択肢は2つです。

1 今やっている仕事が終わったら「次にやる」

2「別の日にやる」

このどちらかで判断しましょう。

「次にやる」なら、忘れないうちに、ＰＤＣＡノートの今日の「Ｐ　計画」フレームに書き加えておきましょう。

「別の日にやる、となった仕事はいつやるか」を考えて、手帳やスケジューラーに書き込んでおきましょう。

このワークフローのフレームでその都度判断することが、あなたの仕事の生産性を上げるために欠かせない視点なのです。

ぜひとも、ＧＴＤというフレームワークを使いこなして、仕事は高速に処理し、かつ生産性を上げるようにしてください。

人に任せる技術

自分をクビにしないと次のステージには行けない

では次に、GTDメソッドの最後のステップで、「ほかの人に任せる」となった場合について見ていきましょう。あなたは、

「これは自分にしかできないから……」

「自分がやらないと会社が回らないから……」

と言って、抱え込んでいる仕事はありませんか？

もし、あったとしたら、そのほとんどが幻想です。

実際、1週間や2週間の夏季休暇をとっても、会社は問題なく回っていますよね。

多少の「困ったなー」はあるかもしれませんが、そこにあるリソースでどうにかするのが仕事でもあります。

だいたい社員が休暇をとったくらいで潰れるような会社は、何かが間違っています。

自分がいなくても会社は回るし、社会は回っていく。

それを信じるか信じないかの判断は、あなた自身が持てばいいと思います。

昇進するなり、転職するなりで自身の次のステージに行くということは、今までの仕事を誰かに任せる、つまり今の自分をクビにするということにほかなりません。

「今の自分をクビにしないと、次のステージには行けない」

つまり、**強制的に今の仕事を手放す必要がある**のです。

しがみついている限り、そのステージから抜け出すことはできません。あなたの生産性が上がらないだけでなく、組織も活性化せず停滞していきますね。

だから、今抱えている仕事はどんどん手放していきましょう。そして次のステージに向かっていくのです。あなたが上司であれば、部下にはそういうマインドセットをしておくことで、人が育つ組織になっていきます。

そもそも自分がやらなきゃいけない仕事なの？

ロンドン・ビジネス・スクールのジュリアン・バーキンショー教授の研究によると、**「知的労働者のほとんどが、平均労働時間の41％を他人に任せられる仕事に費やしている」**と言います。

自営業やフリーランスの方であれば、自分でしかできない仕事以外のことも自分でやらざるを得ないこともあるでしょうが、会社員であれば由々《ゆゆ》しき問題であります。

なぜなら、それは自分の価値を高めることにつながらない時間を過ごしていることにほかならないからです。ではどうするべきか？

それは、仕事の割り振りを決め直すことをあなたが率先して考えて、上司に提案することです。それは自分のわがままを通すことではありません。

チームの各メンバーの特性や得意なことを知っていなければ、提案もできないはずです。チームの各自がその持ち味を存分に生かしてくれることで、モチベーション高く仕事をしてくれる環境をつくることになれば、チーム全体の生産性が上がる可能性も高くなります。そんな提案なら上司も歓迎してくれるはずです。

そして、この仕事の割り振りを固定的にしないためにも、定期的に見直すということも必要です。

たとえば、年間目標の進捗確認などで、少なくとも年に一回は上司と面談する機会があるはずです。その際に上司から「仕事する上で何か意見や提案はある？」などと聞かれるかもしれません。

そんなときに「いえ、特にありません」で終わらせるのはもったいないです。せっかくの機会ですから、こういうことを考えていると提案してみましょう。

仮にその提案そのものは通らなくても、仕事に対する姿勢だとか、チーム運営への関わり方といった点での評価を得られる可能性があるかもしれません。

「自分はどうありたいか」から考える

ここで考えるべきは、**あなたがどうありたいか、**です。

「できる人」になりたいと思う人は、なんでも自分でやらなければいけない、と思いがちです。実際、どんな仕事が来てもすごいスピードで処理をし、あらゆる仕事すべてをこなせなければいけない、と思い込んだりします。

でも、そうではありません。

あなたが本当にそんな働き方が可能なら、やってもいいでしょう。

そうじゃないなら、「すべて自分がやらなければいけない」「どんな仕事でもこなさなければいけない」なんて考えは捨ててしまいましょう。

そして、「何でもできる人」でいようとし続けるのではなく、「これができる人」を目指してみてください。

そのほうが、会社にとっても、あなたにとってもいいことだからです。

つまり、何か「一点突破できる強み」を周りから認識されるほうがいいのです。

この「何か」というのが自分の土俵になります。

たとえば、私の「何か」は、Ｅｘｃｅｌでした。

Ｅｘｃｅｌが得意だった私は、率先してＥｘｃｅｌを駆使して仕事を行い続けました。

Ｅｘｃｅｌを使った業務効率化につながる帳票類の開発・運用、それが業務効率化という軸に移り、それから業務効率化するための考え方やそれを実現する方法へと徐々に移行していきました。

誰でも得意な土俵を持っているはずです。たとえばこんな話があります。

データ集計が苦手で自分がやると2時間もかかるＡさんがいました。隣の席にはデータ集計が得意なＢさんがいました。彼が集計をやると、ものの10分程度で終わってしまう。しかも成果物としてもクオリティが高い。

その一方で、Ａさんは2時間かければ誰にも負けないくらいのプレゼンテーションのスライドがつくれます。

そんな状況だったとき、どうすればいいでしょうか？

ここでＡさんが、

「苦手なことは自分でやらないほうがいいな。データ集計はBさんに任せて、自分は空いた2時間でプレゼンテーションのスライドをつくろう」

と判断できれば、会社全体としての生産性が一気に上がります。Aさん自身の仕事のあり方も変わりますし、仕事も楽しい、やりがいのあるものに変わるでしょう。

自分がどうありたいか、自分の土俵で勝負しているか、振り返ってみてください。

「ほかの人の仕事に潜り込ませることはできないか？」

ここで、任せることを決めるための質問フレームをご紹介します。それが、

「ほかの人の仕事に潜り込ませることはできないか？」

です。

自分の土俵で勝負するということは、不得意なことをほかの人に丸投げしたり、押しつけたりすることではありません。そうすることを全然気にしない人もいますが、

一般的にはあまりよいことではありませんよね。

そこで、本書では違うアプローチをとりたいと思います。

それは、

「前の工程や後の工程を、ほかの人の仕事に潜り込ませることはできないか」

という問いかけをしてみるのです。

組織でする仕事というものは、ひとりだけで完結する仕事はほとんどありません。何かしら前後の工程で、いろんな人と協力し合うことで、一つの仕事が完結するプロセスがあるはずです。

そのプロセスを見たときに、「この仕事は一緒にできてしまうのではないか」というポイントを探すのです。

こんな事例がありました。

あるキャンペーンの実績レポートが、キャンペーン事務局で集計されて毎週メールで送られてくるのですが、そのままでは営業マンにはわかりづらいということで、表やグラフを加えるなど、わかりやすくするためにひと手間加えて営業マンへ配信していた同僚のXさん。

彼が異動するということで、私がその仕事を引き継いだのですが、そのひと手間に30分程度かかっていました。純粋に仕事時間が30分増えるのは、私にとっては由々しき問題でした。そこで、次のように考えてみました。

「これ、キャンペーン事務局で集計しているレポートに加えてもらえばいいよね。しかもExcelだから関数を組んでおけば、事務局の作業は何も増えないよね」

関数作業に30分かかりましたが、「来週からこのフォームで集計して送ってください！」と依頼して終了です。

これで、毎週30分の残業を回避できたのです。

あなたも、ちょっとしたことだと思って、自分で抱えてしまっている仕事はないでしょうか。

他人に任せられる仕事は任せて、自分の価値を高める仕事にフォーカスしましょう！

生産性を高める質問フレーム1「再現性はあるか？」

再現性を持たせる仕組みが用意されているか？

ここからは、生産性を高めるための質問フレームをご紹介します。それが、

「再現性はあるか？」

です。

第3章の「プロジェクトPDCAノート」で触れたように、このプロセスとタスクの組み合わせは、実は業務マニュアルそのものです。

ＰＤＣＡサイクルを回すことで、ひとつの業務マニュアルが出来上がります。業務プロセスそのものが「見える化」していれば、そのワークフローに従ってやるだけですから、ほかの人に任せたり、引き継いだりすることも容易になります。

そして、プロセスさえ押さえておけば、実はその中でやるタスク自体は各々が工夫してやってもらったほうが効率的だったり、不要だったりすることも多いものです。他人の視点で見てもらうことも大切ですね。

ある事例をご紹介します。

中堅企業の2代目経営者の方なのですが、社長に昇格されてから半年以上経っても、その前の営業部長時代の仕事をかなり抱え込んだままで、なかなか社長業に専念できない、と悩まれていました。

ボトルネックは、「引き継ぎマニュアルをつくる時間がなかなか取れない」ということ。

そこで、私が「まず引き継ぎする。その中でマニュアルをつくってもらう」という段取りでアドバイスしたところ、あっさり数週間で引き継ぎが完了してしまったのです。

ポイントは、

「業務プロセスとポイントのみ引き継ぎ資料として作成する」

ということにしたので、作業時間をほとんどかける必要がありませんでした。

実際のタスクレベルについては引き継ぎしながら、引き継いだ方に実務をしながらマニュアル化してもらい、最後に確認するだけで完成です。

あなたの仕事のプロセスは、見える化できていますか？

もし、仕事のプロセスの見える化ができているならば、人に任せるのも容易になります。

あなたが自分でやる仕事は、できる限り自分の価値を高める仕事にしましょう。そして、自分の土俵で勝負できる環境をつくりましょう。

どんな仕事であっても、自分より得意な人は必ずいます。苦手な仕事はその人に任せて、自分の得意な仕事で結果を出していけばいいのです。

生産性を高める質問フレーム2「シンプルにしようか？」

シンプルに考える人がうまくいく

「シンプル・イズ・ベスト」という言葉は、仕事においても当てはまります。

たとえば、あなたは、プレゼン資料や販売進捗レポートといった類の資料作成で「盛りすぎて必要以上」になっているものはないでしょうか？

その結果、「受け手が見るのに時間がかかる＝わかりづらい」となれば、本末転倒です。色々考えすぎて**情報量を増やしすぎると、結局何にも伝わらない**ものになってしまいます。

販売進捗レポートと言っても、営業部長などの上層部向けの進捗確認用なのか、営業マネージャーが確認して部下に指示を下すためのものなのか、営業マンが確認して自身の次のアクションを起こすためのものなのか、など様々あります。

その目的によってフォーカスすべきところが変わるはずなのに、総花的な資料となってしまい、結局、誰も有効活用できない資料になってしまっては残念ですね。

実はこういった経験は、私にもあります。

発表時間30分のプレゼンテーションなのに、スライドを50枚くらいつくってしまって、作業時間が延べ40時間もかかってしまいました。実は1時間程度でまとまっているのに、40時間の作業時間のほとんどが、「どうやってスライドを構成しようか」とパソコンの前でにらめっこしながら、あーでもない、こーでもないとパワーポイントをいじくる時間になってしまっていたのです。

つまり、**本質でない部分に時間を盛りすぎて必要以上になっている**。

かつての私自身もそうでしたから、身にしみます。

だからこそ、「シンプルにしようか?」が有効です。

ここでのポイントは、次の3つです。

▼1「誰のため？ 何のため？」

これはファンクショナル・アプローチという問題解決の技術を広めている横田尚哉さんが提唱されているキーワードです。

「問題を直接解決しようとするのではなく、そもそも『誰のため？ 何のため？』と問いかけることから始めよう！」

というもの。今やっているその仕事を何の疑問もなくやり続けているのであれば、一度自分に問いかけてみてください。

「そもそもこれって誰のため？ それは何のため？」

スタートはいつでもここからです。

この問いかけをするだけで、何を削り、何を残すかが自然と見えるようになり、シンプルな成果物ができるようになります。

▼2 ビジネスはスピード

「この資料であれば、見た人が迅速に判断できる！」

となれば、それは高速でＰＤＣＡを回していけるということです。

つまり、成功へより早く到達できるということ。

見た人が迅速な判断ができるような資料作成ができるとなれば、それはあなたの仕事の価値が高いと評価されることにもつながりますね。

たとえば、「あれもこれも見て！」ではなく「ここを見て！」と言えるかどうか、重要なポイントを押さえたシンプルな内容のレポートにできないか、数字だけでなく、グラフで可視化するといった工夫ができないか、という視点で自分の仕事を見直してみてください。

第４章で、契約件数ではなく、訪問件数が最も重要な活動指標となる企業の例を取り上げましたが、売り上げ・契約件数という結果の数字に加え、そこに訪問件数という活動実績が入ることで、シンプルながら必要な要素が満たされたレポートとなります。

▼３　行動提案ができているか？

活動指標が明確になっただけでは不十分です。そのレポートに「ボトルネックとなっているのはここだから、この部分をこうやって解消しよう」という行動提案が明確になっているかどうかが、あなたの価値を高めます。

たとえば、Z営業所では売り上げは計画の50%と大幅に未達だが、訪問件数が計画の60%しか達成できていない。訪問件数を増やす活動に注力すべきだ、といった行動提案までできているかどうか？　ということです。データ集計という作業だけではダメですし、「ここが問題だ」と指摘することは誰でもできます。

必要なのは**問題を指摘して、行動を提案すること**です。

「問題となっているのはここ。だからこうしてみよう」という行動まで提案しないと何も解決することはできません。あなたの仕事は相手を動かしていますか？

ＰＤＣＡを習慣化するゴールデンサイクルとは

あなたの仕事に必要なのはＰＤＣＡを習慣化するゴールデンサイクルだけです！

これまで説明してきた内容をひとつのフローにしたものが、次の1から5までのステップです。

題して「ＰＤＣＡを習慣化するゴールデンサイクル」です。

1　手帳でタイムマネジメントを行う（#スケジュール管理）

↓

2　ＰＤＣＡノートメソッドで日々のＰＤＣＡを回す

↓

3 入ってくる仕事はGTDメソッドで制御する
↓
4 解決策を考えて次の予定に入れる
↓
5 PDCAをひたすら回していく

あなたも、このステップを繰り返して、習慣にしてみてください。

「PDCAという考え方はわかったけど実践できない」

「なかなか目標達成できない」

という人は、今日からPDCAを回しながら、目標達成するために試行錯誤を重ねていきましょう。

あなたのビジネスパーソンとしての活躍を、心より期待しています。

PDCAを習慣化するゴールデンサイクル

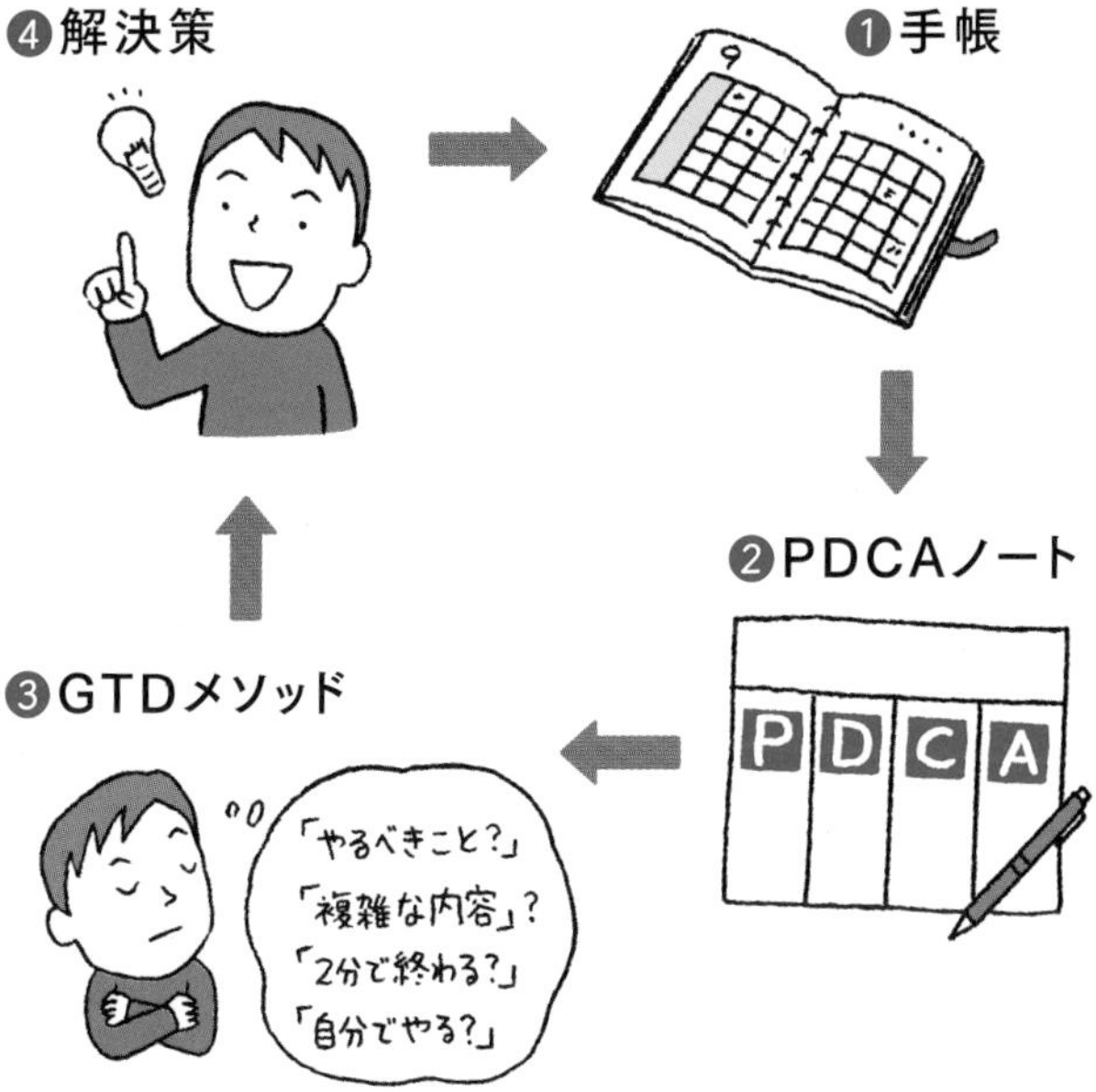

❶手帳でタイムマネジメントを行う

❷PDCAノートで日々PDCAを回す

❸入ってくる仕事はGTDメソッドで制御する

❹解決策を考え、次の予定に入れる

❺PDCAをひたすら回す

終章

あなたのビジョンを実現する人生のPDCAを回そう

仕事はうまく回るようになったけど……

キャッチボール事件

2012年の春のことです。

私はその2年前、都内に一戸建ての家を買い、3月には会社員としても課長から次長へ昇進して、ますます仕事に精を出さなければいけない、という気持ちでいました。

残業はかつてのように140時間といったひどい有様からは徐々に減ってはきたものの、相変わらず月40～60時間の残業をこなしながら、仕事に邁進《まいしん》していました。夕食を家族と一緒にとることはほとんどないし、たまの休日は自宅でゴロゴロしながら過ごすか、たまに気が向くとショッピングセンターに出かけるといった感じのグータラオヤジでした。

その年の4月に小学校1年生となった長男と幼稚園に入園した次男、世間的にはどう見ても幸せな家族の風景に見えたでしょうし、自分でもそう思っていました。

長男はおとなしい性格で、本や図鑑を読むのが好きだけど、かけっこしたり、外で遊んだりするのも好きな、自分の子どもの頃を思い出すような普通の男の子です。


桜も散った春の気持ちのいいある日のことです。かつてショッピングセンターで見かけて買っておいたおもちゃのグローブを手に長男が「お父さん、キャッチボールしよう！」というので、自宅の前でキャッチボールをしようとしたそのとき、事件は起きました。


「お～い、届いてないぞ。しっかり投げろよ！」

「あらら……ボールを取るときはグローブを開くんだよ！」

すると、長男が怒ったような悲しいような声で言い返してきました。

「できないよ！　だってお父さん、キャッチボールしてくれなかったじゃないか！」

そのとき、私は気がつきました。なんと長男は、キャッチボールができなかったのです。

ボールを投げても3メートルも届かない。ボールを受けてもグローブからポロポロこぼす。

当然です。私は息子にキャッチボールを教えたことがありませんでした。

私は家族のために稼ぐこと、そのために残業もいとわず一生懸命仕事することこそが、オヤジの役割だと信じて疑いませんでした。

息子にグローブを買ってあげただけで、休日は疲れ果ててゴロゴロするか、たまにショッピングセンターに出かけるだけで、息子と向き合って彼のやりたいことに付き合ったり、時間をとって一緒にキャッチボールをすることさえしていなかったのです。

「家族のためにと思って、必死こいて頑張っていた俺の人生って何だったのか？」

これが遅まきながら、人生について考え直す、強烈なきっかけとなったのでした。

ジョブズの言葉

「もし今日が人生最後の日だとしたら、今日やる予定のことは、私が本当にやりたいことだろうか？」

アップル創業者の故スティーブ・ジョブズ氏が2005年にスタンフォード大学の卒業式でスピーチした一節です。

この言葉を聞いたときの私の衝撃はとてつもないものでした。頭をハンマーで殴られたような感じだったことを覚えています。

私はその言葉を、Evernoteに保存しました。その記録を見ると、最初にこの言葉を知ったのは2009年11月6日。今から10年以上も前になります。

キャッチボール事件のあと、目についたこの言葉を口ずさんでみましたが、どう考えても「NO」という答えしか出てきませんでした。

やりたいことなんか何も予定してない。

ただ言われるがままの仕事しかない日々。

仕事が楽しいかどうかとか、やりたいことかどうかなど考えたこともなく、家族のために必死に生きている。ただそれだけでした。


第5章で紹介した「レンガ積みの職人の話」でいえば、私はただ壁をつくっていたのです。壁をつくるのは得意。早く壁をつくる方法を徹底して極めていたけど、今日が人生の最後だとして、これがやりたいことなのか？　と自問自答しても「NO」としか言えなかったのです。

だけど、何がしたいのかもわからなかった。

さらに、一番心に引っかかったのは、そのあとに続くこの言葉です。

「そろそろ何かを変える必要がある」

でも、何をどうしたらいいのか、さっぱりわからなかったのです。

「何かを変える？」「何をするか？」だけを考えていても、答えは出ませんでした。

自己実現のため、ビジョンを実現する人生のPDCAを回そう

さて、この本を読んでいるあなたはどうでしょうか？

「自己実現」という言葉を、一度は耳にしたことがありますよね。

会社員であれば、年初や期初に毎年の目標設定をするはずです。その中に仰々しく書かれていたりして目にしたこともあるでしょう。

「あなたの自己実現につながる業務目標を設定しましょう云々……」

私も昔は、そんな小難しいことを言われてもねー、という感じで、さっぱり理解できず、聞き流していました。

でも、今はわかります。

前述の「レンガを積む職人の話」の職人の中で「私は人の心を癒やす空間を創っている最中です」と答えた職人Dは、「人の心を癒やす空間を創る」という、教会を建てた先にある目的を仕事だと捉えていました。

彼はその仕事が自己実現につながると感じることができたから、モチベーションが高かったわけです。

では、その自己実現とは何なのか？

それが**「人生のビジョン」**だと私は考えています。

自分の価値観に基づくビジョンが明確になっているから、それを実現するために、目の前の仕事を捉える視点が作業ではなく、タスクでもなく、目標でもない、一番高い次元である目的を捉えて、そこと一致点を見いだせる。それができれば、仕事で自己実現することができる、ということに気がつきました。

たとえば、職人Dが「誰もが穏やかに過ごせる平和な社会の役に立ちたい」というビジョンを持っていれば、レンガを積みながら「人の心を癒やす空間を創っている」と考えることで自己実現につながる仕事をしているわけです。

私が息子とのキャッチボール事件以来、生き方について考えてきた結論はこれです。

「『人生のビジョン』を実現するために人生のPDCAを回そう！」

これこそが、キャッチボール事件を経験して以降、考えてきた私の想いです。

このままの人生ではダメだ、人生を変えようと考えてきました。そして思い出したのが、大前研一氏のこの言葉です。

「人間が変わるにはこの3つを変えるしかない。
・時間の使い方
・過ごす場所
・付き合う人
そして、最も無意味なのは、決意を新たにすること」

考えるとか、決意するだけじゃダメなのです。そういった気分に頼るのではなく、行動あるのみ。さらに、これって仕事と同じだ、と気づいたのです。

そこでまず、時間の使い方を変えてみました。

思い返してみても、たまに学生時代の友人と会う以外では、ほぼ会社の同僚との飲み会の付き合いだけでした。そこで手始めに、購読していた書籍やブログ・メルマガの著者の開催するセミナーや勉強会を探しては、自腹を切って参加し始めました。

そこでは、「人生を今よりもっとよくしよう！」という前向きな意識はもちろん、情報発信したり、副業したり、会社を起こしたり、といった行動を続ける仲間や師匠との出会いがありました。そんな人生を生き生きと過ごしている人達と一緒の時間を過ごす中で気づいたことがあります。

それは、彼らが「人生のビジョン」を実現するために、日々を生きているということです。

私は、ビジョンや夢というのは、子どもの頃に夢見るプロ野球選手や歌手などという職業としての憧れで、大人になって夢を追っかけるなんてバカなことだ、と思い込んでいました。

しかし、彼らは「世の中をよくしたい」「相手の視点に立って役に立ちたい！」と公言して行動していたのです。

その姿を見て「自分もやってみよう」と素直に思えました。

そこでまずは私も、人生のビジョンを考えてみることから始めてみました。「自分のビジョンとはなんぞや？」と。

すると、驚くほど人生が楽しくなりました。それまでは、目の前の仕事のPDCAを回していて達成感を得ても一時的だったものが、毎日が「人生のビジョン」を実現するために人生のPDCAを回している、と思えるようになったのです。

先にご紹介したジョブズの言葉。

「もし今日が人生最後の日だとしたら、今日やる予定のことは、私が本当にやりたいことだろうか？」

私はこれを名刺サイズの紙に印刷して、洗面台に貼り付けています。そして毎朝洗顔しながら、この言葉を自分自身に問いかけていますが、今ではその答えは〝YES〟になっています。

そんな私の人生のビジョンは、これです。

オヤジが自分の生き様を通じて、子どもたちに夢を実現して生きていくことの大切さを伝えることができる社会にする。

そのために、仕事もバリバリこなすし、家族との時間も大切にする。自分自身の夢に向かって成長も忘れない。

そんな、これからの時代のかっこいいオヤジを世の中に一人でも増やす。

このビジョンの実現のために、直近の目標を設定し、その目標を達成するための行動を日々の予定に組み込んでいます。それが、先にもご紹介した目標達成PDCAノートのPの左側の領域です。

そんな私のひとつの目標は、**「仕事人としても家庭人としても、かっこいいオヤジ10万人のコミュニティをつくりたい！」**ということです。

本書はそんな自分のビジョンを実現する第一歩でもあります。

ぜひ、あなたも人生のビジョンを実現するPDCAを回していきましょう！

ビジョンなきハードワークはもうやめよう

ところであなたは、ジグソーパズルをしたことがありますか？

今でも、趣味でやっているという方もいらっしゃるでしょう。

いくつものピースをフレームの中で当てはめていきながら、試行錯誤を繰り返し、最後に一枚の絵や写真を完成させる。

これは仕事と同じです。

ヒト・モノ・カネ・情報・アイデアといったリソースを、試行錯誤しながらフレームに沿って当てはめながら、試行錯誤を繰り返し、最後に業務目的というゴールに達成するとビジョンが実現する。

一つひとつのピースの上手なはめ方や、素早く隣のピースを探し出すノウハウ、「今日は100ピース達成するぞ!」といったノルマとか、ひたすら目先の問題解決に血眼になる。

残業や休日出勤もいとわないようなハードワークは得意だけど、そもそもその仕事で実現したいビジョンは何でしょうか?

世界一難しいパズル

世界で一番難しいと言われるジグソーパズルをご存じでしょうか。

それは、「牛乳ジグソーパズル」と言われるものです。

ご想像の通り、一面真っ白です。何ら絵柄の手がかりはありません。

あなたの仕事も、もしかしてこの牛乳ジグソーパズルになっていませんか？

ゴールがない、ビジョンが描けない、そんな仕事に闇雲に労力を傾け続けていないでしょうか。

私は、ハードワークそのものは否定しません。

どうしても実現したいものがあるとき、ハードワークをするから見えてくる世界があることも経験しています。

たとえば、数千ピースもあるジグソーパズルを前にしたとします。

一見難しそうで、実際難しいわけですが、そこに描かれている絵、つまりゴールイメージであるビジョンが明確に見えていて、あなたがどうしても実現したい！と思えば、チャレンジしたくなりますよね？

ビジョンなきハードワークはもうやめて、ビジョンのあるハードワークをＰＤＣＡを回して実現していきましょう！

さあ、ノートを書く人生を始めよう

ビジネスにおいて、知識として知っていることなんてほとんど意味はありません。

「頭でっかち」という言葉がありますが、かつての私はまさにそれでした。

知識ばかりを求めて、知識さえあればもっと成果が出るはずだと思って、たくさんのビジネス書を読み漁り、いろんなセミナーに参加しては、難しそうな内容であればあるほど成果が出るに違いない！　とばかりに手を出すものの、ちっとも使いこなせない。

「あー、俺はダメな人間だな……」という現実に直面するばかり。

そしてまた新しい知識とノウハウを求める旅に出る――その繰り返しでした。

そんな私も、今ではノートの上でＰＤＣＡを回すことと、ノートの上で考えることを続けたことで、人生のＰＤＣＡを回せるようになったと実感しています。

会社員でありながら、副業で自分のビジネスを持ち、クライアントの業務改善を成功へと導く一方、残業をすることなく、公私ともに充実した毎日を送る――というような理想的な未来も、人生のPDCAを回すことで、手に入れることができるのです。

ブログで情報を発信し、メルマガも書いて、セミナーを開催する生活も、もう10年になりました。

そんな中で、出版という機会もいただくことができました。こうした「結果」だけ見ると、うまくやっているね、と思われるでしょうが、すべては試行錯誤を繰り返しながら行動してきた「結果」に過ぎません。


何度も痛い目に遭い、悔しい思いをしたり、離れていく人がいたりしました。

でも、そんなことの繰り返しの中にしか本当の学びはない、というのが実感です。

ビジネスにおいては、まず実践して試行錯誤しながら成果を出すことがすべてです。

ここまで読み終えて、「この話は知っていた」「この知識は面白かった」で終わるのではなく、今すぐ手元のノートを開いて実際に4本線を引いてみてください。

そして、今日のことを振り返ることから早速、始めてみてください。

Pは明日からでいいのです。

まず行動する、ということ。

小さな一歩でいいのです。始めてください。そして続けてください。

1年後に365回PDCAを回したとき、仕事だけにとどまらない、あなたが理想とする人生に一歩でも近づくどころか、365歩近づいた自分の足跡がそこに残っています。

さあ、ノートを書く人生を一緒に始めましょう！

岡村拓朗

◎ブログ　http://okamura-takuro.com/

◎読者特典ページ　http://okamura-takuro.com/book-pdcanote/

（著者が実際に書いたPDCAノートの各種事例をダウンロードできます）

参考図書

『100の結果を引き寄せる1%アクション』（鈴木領一、サイゾー、2012年）
『スタンフォードの自分を変える教室』（ケリー・マクゴニガル・神崎朗子、大和書房、2012年）
『頭がいい人はなぜ、方眼ノートを使うのか？』（高橋政史、かんき出版、2014年）
『Ready, Fire, Aim：Zero to $――100 Million in No Time Flat』（Michael Masterson, Wiley, 2008年）
『成果にこだわる営業マネージャーは「目標」から逆算する！』（野部 剛、同文館出版、2012年）
『ストレスフリーの仕事術――仕事と人生をコントロールする52の法則』（デビッド・アレン、二見書房、2006年）
『仕事を成し遂げる技術――ストレスなく生産性を発揮する方法』（デビッド・アレン、はまの出版、2001年）

本書は、フォレスト出版より刊行された同名の単行本を文庫収録したものです。

岡村拓朗〔オカムラタクロー〕（おかむら・たくろう）
株式会社センターピン代表取締役、時短×業務効率の仕組みコンサルタント。

1972年福岡県生まれ。95年大学卒業後、コンビニエンスストアチェーン本部へ入社。地方営業所勤務時代にPDCA思考を叩き込まれる。本社販促部門への異動後、業務改革プロジェクトに携わり、20代で最年少リーダーに抜擢。全社レベルでPDCAを回す販促の仕組みづくりを牽引する。2003年外資系ヘルスケア企業へ転職し、月間残業100時間以上という仕事漬けの毎日を送り、体重が10キロ以上も増えてしまうが、「PDCAノート」をはじめとした独自の仕組み化メソッドを開発し、業務の改善・効率化を実現。年収2倍、残業ゼロ、13キロダイエットを達成。

2019年株式会社センターピンを設立し、代表取締役に就任。現在は「時短×業務効率の仕組みコンサルタント」として、経営者やビジネスエキスパートに「PDCAノート活用術」をはじめ、仕事の成果を出すためのコンサルティングと、人生の質を向上させるためのコーチングを組み合わせたメソッドを提供。さらに講演やセミナーで講師を務めるなど、精力的に活動中。

知的生きかた文庫

自分《じぶん》を劇的《げきてき》に成長《せいちょう》させる！
PDCA《ピーディーシーエー》ノート

著者　岡村拓朗《おかむらたくろう》
発行者　押鐘太陽
発行所　株式会社三笠書房
〒一〇二―〇〇七二　東京都千代田区飯田橋三―三―一
電話〇三―五二二六―五七三四〈営業部〉
〇三―五二二六―五七三一〈編集部〉
https://www.mikasashobo.co.jp
印刷　誠宏印刷
製本　若林製本工場

ISBN978-4-8379-8792-5 C0130

知的生きかた文庫

マッキンゼーのエリートが大切にしている39の仕事の習慣
大嶋祥誉

「問題解決」「伝え方」「段取り」「感情コントロール」……世界最強のコンサルティングファームで実践されている、働き方の基本を厳選紹介！　テレワークにも対応!!

成功者3000人の言葉
上阪　徹

「向き不向きなんてない」「苦しいがないと楽しいもない」「何も持ってないは武器になる」――、各界トップランナー3000人以上の取材から見えてきた「成功の本質」とは？

優秀な人がこっそりやっている仕事のスゴ技75
木部智之

数々の炎上案件を対処してきたプロジェクト・マネージャーによる、仕事の時短・効率テクニック。資料作成／PC術／メール／思考法…他、知っているだけで大きな差が!!

1万人の脳を見てわかった！「成功脳」と「ざんねん脳」
加藤俊徳

仕事も人生も、すべては「脳の使いかた」ひとつ。日常の〝小さな刺激〟で8つの脳番地が目覚める！　脳科学者が20歳のときに知っておきたかった〝脳の秘密〟とは――

自己肯定感が高まる習慣力
三浦　将

わずか3週間、楽しみながら自分を変える！「いつもより10分早く起きる」「その日感謝したことを3つ書く」他、小さな行動習慣を変えるだけで、潜在能力が開花する!!

C50450